WHIZZ KIDZ
Word Search

ARCTURUS

This edition published in 2016 by Arcturus Publishing Limited
26/27 Bickels Yard, 151–153 Bermondsey Street,
London SE1 3HA

Author: Sean Connolly
Designer: Notion Design
Editors: Joe Harris with Jessica Sinyor
Illustrations: Matthew Scott

ISBN: 978-1-78428-230-1
CH005162NT
Supplier 26, Date 1116, Print run 5264

Printed in China

Canine Capers

1

```
L A B M C K L F E L L L Y Y H
L I U O X A E P M C E Y G F C
G Y A E N S W A F P B N T Z T
I B Q T A E Z W L K S O N R E
H P O H V R O S T O U Z W E F
C P C Q Z U A P R A L L O C K
L O Y A L F O C J I O L A R Y
E G A B B O K B K S F L X N L
H Y A T D O L B X Y E N W G T
M R Z L E L J W J N H G N A W
K T E T S E Z S X M V E X U L
F Q F C K R L V J Q N C G E L
U W F P P W G Q K D Z N C L E
V P O X M F J Y J Y H F P J A
Y Q T O P C D G K M Y I X D T
```

BARK
BONE
CHASE
COLLAR

FETCH
FUR
GNAW
KENNEL

LOYAL
PAWS
POODLE
TAIL

Camping

```
D U H Z G J W S Z R M F O L S
M E F M F H J N S S Z Q U U N
I G Z F J X Y T X T C H P K F
W H R Q X M K A N O P O A P H
M A R S H M A L L O W S W E U
V X E G A G O Q T B L M S G M
A C J P U V Z U C E A A R S O
R R J C M B V A N S N V I W I
A N U N U N M Z D T Q T N E O
Z P R H Q P P S K T A S T F I
G S X E F I N B X S A I S X G
N I Z I T G B I R D S B N G A
N S R M I N X K W E R V Q S S
T E V S H D A P H B Q C W C K
S S A P M O C L J T Z O M S F
```

BIRDS	LANTERN	PAWS
BOOTS	MAP	PEGS
CAMPFIRES	MARSHMALLOWS	SIGNS
COMPASS	MOUNTAINS	TENT

Circus Tent

```
T E N T U Z U L S N T X Z S G
H F O C S E I E U H S G D D N
B A L L O O N S R U T R W B I
Y T T K A U M I L X A I L A L
Z E W Z T A L I W C W T S L G
Q F L R Y L E A U E R Z W A G
Q K O H S R I D X K I J J N U
G F R J L A P C D U E G W C J
K I R H Q K H N A V W E H E A
F U N X B B C E W M W G F T W
M K Z J X L I E D O Z R L N S
L P Z F K T G P H U L F U N F
X E D A M K A R T I Y C D O U
G H B S K K M N G N D A S C Q
H C V X T I B B A R E K I P A
```

BALANCE **FORTUNES** **RABBIT**
BALLOONS **HAT** **TENT**
CARDS **JUGGLING** **THRILLS**
CLOWN **MAGIC** **WEIGHTS**

Poles Apart

```
I I F Q T S D E A R K Z G B N
I C M T P T W K V F W G G J E
J E E W B O S A G Q L A J N D
D A F B M O X L W Q U P F R N
M R B A E B C F S U R L A W U
S E A L Q R O W Y Z J Z V A O
B N S F U T G O P D Z V L J H
V E A K B H Z N P I M P H J L
N I A J S S W S L I W P O W J
A U J R Q U S B T E D T I Q C
R C Y Y A T T T P E N G U I N
W R X C J D E W H K L X W C O
H M R S B N G U P G M T C V S
A O J M S C W N O V G U P A V
L X B N T X Z H D A Z N C P I
```

BEAR   MITTENS   SEAL
BLIZZARD   NARWHAL   SNOWFLAKE
BOOTS   ORCA   TUSKS
ICEBERG   PENGUIN   WALRUS

Ball Games

```
M C O U R T D G O B E G F R O
P R E O P Q N C A B L O T M V
K C O Q A I Z S G T B A F D B
V P E F L I K B B U B L V R A
P O H W I E B Y G G I M B D J
F F O S T N A U W O R L L G R
J B E B N Z U W R R D H J K L
J K A C C I P M C X O B R A U
O L W I I Z P W T L Z K R H R
L Q G D O V S J E D Z N Q H T
W D P R X W D H I M G A L F E
Q J C C J T J B O H Q C C S E
D P W W Q M B Z K O Z N X E T
M S K N F N L L A B T O O F I
Z I A R S D V W I P N Q Z G G
```

BASKETBALL	FLAG	PINS
BOWLING	FOOTBALL	SHOOT
COURT	GOAL	TEE
DRIBBLE	HOLE	UNIFORM

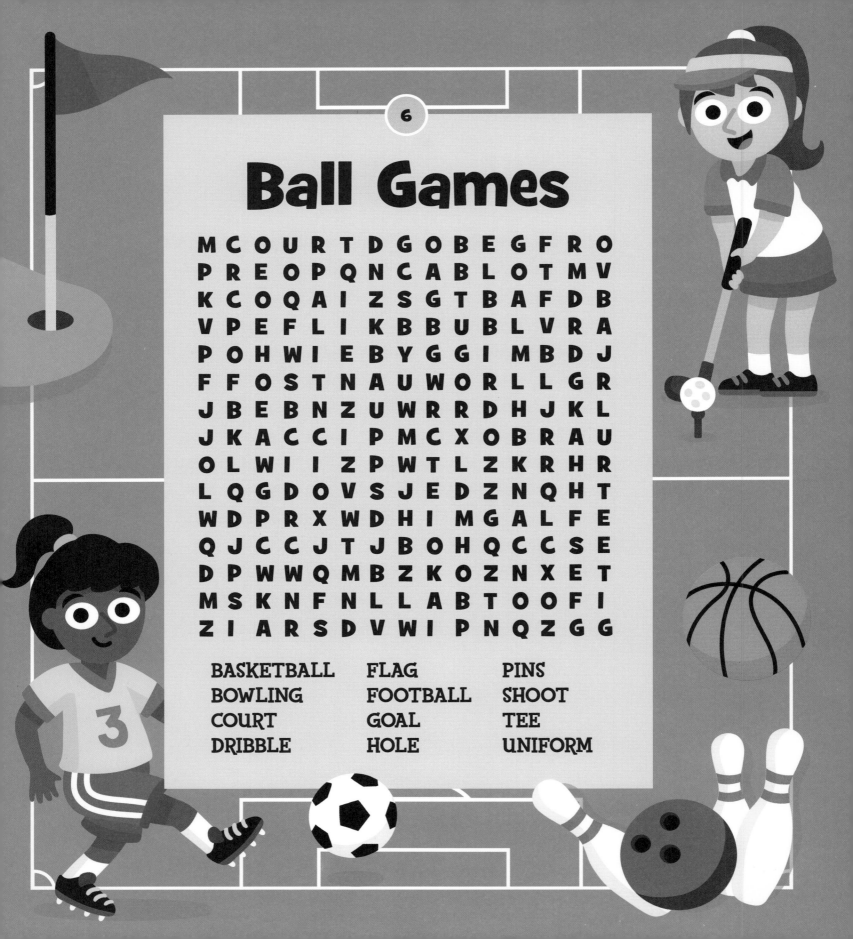

Fairy Tales

```
N X D R H W I B G R D A X G N
L W A A Z R T W Y A J P X S G
G S O P B F I K E H U T S S Q
F R L R I T Z R V D V D Q Z S
N T Y I C G B E A N S T A L K
V I C H P R S U B U P X D E I
N U T D E P D R O W S N X R D
W F L G W T E K R G A U Y C B
J M N L A M P R G W V U I I X
Q I P P J J S I S P O K S Y D
G G G R A X T C R T E E B N I
I O G I Z A E D P U I Y R E U
L R B N X W M N D T J H V A X
A F U C U W K W D N X L J A X
G X O E X K D K J N O E H K I
```

BEANSTALK	KEY	SLIPPERS
CROWN	LAMP	SWORD
FROG	PIGS	WAND
GINGERBREAD	PRINCE	WITCH

Toy Time!

```
S Q W K Y O Y O Y O N H H H P M B
P K I O A R F W H I A J O T F
I N A V F I J U A X B N D E V
N N T T G A M I N G S R U D D
N K V R E N F N R T U G N D A
I G G O O B N D E M C N B Y F
N R O T J B O R R I E I Y N M
G D E S I S O A G K H R A W U
K I I J E G B T R N C P D Q M
L R N P L M Q J Z D I S F V D
X W A K C U D V I Z Y R W O H
B H S Y U E W F B H A Q T N A
S T T P U M M N Y U R W H D R
P Y Z H W V K C R E L U Z X E
A L J W A S G I J J W B Q R W
```

DRUM   **MONSTER**   **SPINNING**
DUCK   **ROBOT**   **SPRING**
GAMING   **SHAPES**   **TEDDY**
JIGSAW   **SKATEBOARD**   **YOYO**

Vegetable Patch

```
I R B G U N S D P S I E Y P G
G O A U A T W O L P L D Z V C
F N I J O R T C N V O A Y L K
M C I R X A D U O P C P G F B
C B R R T D M E P M C S D V Q
L A O O E Y F Z N H O Z O X X
C D O V V T S M O O R H S U M
R S W Z E J A C Z J B Q F E G
A S N E E R G W P U M P K I N
D R H T N H K R E I G X G L S
I W Q V B R X J X S N D X I G
S P Z X G L I N A R R R C V E
H D J P J H R E I N E O U M C
R L Q A T Y P I U M B N Z T P
U C C F I T O Q V Z X U B P K
```

BROCCOLI   MUSHROOMS   RADISH
CARROTS   PEAS   SPADE
GARDEN   POTATO   TURNIP
GREENS   PUMPKIN   WATERING

Funky Fashions

```
B H S V R S Y K J S M R F E Y
C V U X Y E J S T G T E B R O
U Q N V V B G R O B R K X O K
Y T G V H M I N L C I W U W H
V V L G A P M O A T K Z S B H
X P A O E R G J H H S S Q N Q
G T S S Y O L C Y V N G P U M
D Y S L R L T U A T W S V A U
W S E A Y A T G A B D N A H C
J K S V W M I K W U L C B K G
Z X X Z F B E I I L U Y K V D
R E B H A W S W F E V X O G N
J U X S M O G A X K S U H P Q
T L E B Y I F R J A S C A R F
T P H A L P H K L I B O V R T
```

BELT   LOGO   STRIPES
CAP   SCARF   SUNGLASSES
HANDBAG   SKIRT   TIES
HANGER   SOCKS   WATCH

Famous Places

```
S W S P F D L Z S B M V U V U
Z T P I V S Q O Y K U W U M S
C A A N R V K F D R E G S U Q
N Q X T S A G T N C S A E H T
A R D K U T P S E B S U D S M
M L U M C E N S Y I O C R P M
L V F F F F D E P Q L L M X D
L J L X U I U M M G O M R C X
A K L Q M M Z L B A C T W E R
W R G A O X F Z Q E I F F E L
Y Q R S N V E Z S Z Y L A T O
D Y C X S Z M K B W C U R F M
P O K V A N I H C T A J G A B
W C H T M I I U H M L V D J P
W P V I B C R J R M Z F W T Z
```

CHINA   PARIS   STATUE
COLOSSEUM   PARLIAMENT   SYDNEY
EIFFEL   PISA   TAJ
MOSCOW   PYRAMIDS   WALL

12

Countries of the World

```
N A L L V D E Q S V I Y T S W
U E A B U C C P M A H N T N V
M P T X Z C N O V E B G D L B
Z F G H Z M A K B P E N R I H
O C I X E M R C U R V A C H A
V E B K R R F G M O I A F L L
L Q F E Z J L A I S U U M Q S
K I S N V V N A S I I S A E R
G S Z Y D Y Z U N C W T Q X K
F I B A C L R U T D J R U X Y
M A D H R J A P A N S A A I J
O L I H D B M B H X H L T F F
H N E S M I U C D E Z I N A K
A V L Z O S K U H G W A I C U
N X D S Q W G J X R I Y F W U
```

AUSTRALIA   **FRANCE**   **KENYA**
BRAZIL   **GERMANY**   **MEXICO**
CHINA   **INDIA**   **NETHERLANDS**
CUBA   **JAPAN**   **RUSSIA**

Pond Life

```
G N I Z Z U B E Z F D Y M M W
Y R I S O O W T L V N Y U U T
P I D W W J C U E T R O D O U
N O I I G A L U T X E V D O Z
A C B M U D U G M T Z E Y J I
E S H M L K J G A D B T B S Q
D Q N I L L T D X H H C D P C
T R X N Z S P B O X J E S P N
F K A G D O N V H N E W T S D
K Z K G L G E A A R S O M N X
H Q N E O R U E I R K N L E V
T Y N N T N Z J J L C K S P R
R P C W C R F D J E U Z V R E
G G O R F G T L E Y D M M F J
X P Z B A R L S Y H P X X D Z
```

BEETLE FROG   REEDS
BUZZING HOVER SNAIL
DRAGONFLY MUDDY SWIMMING
DUCKS   NEWTS TADPOLE

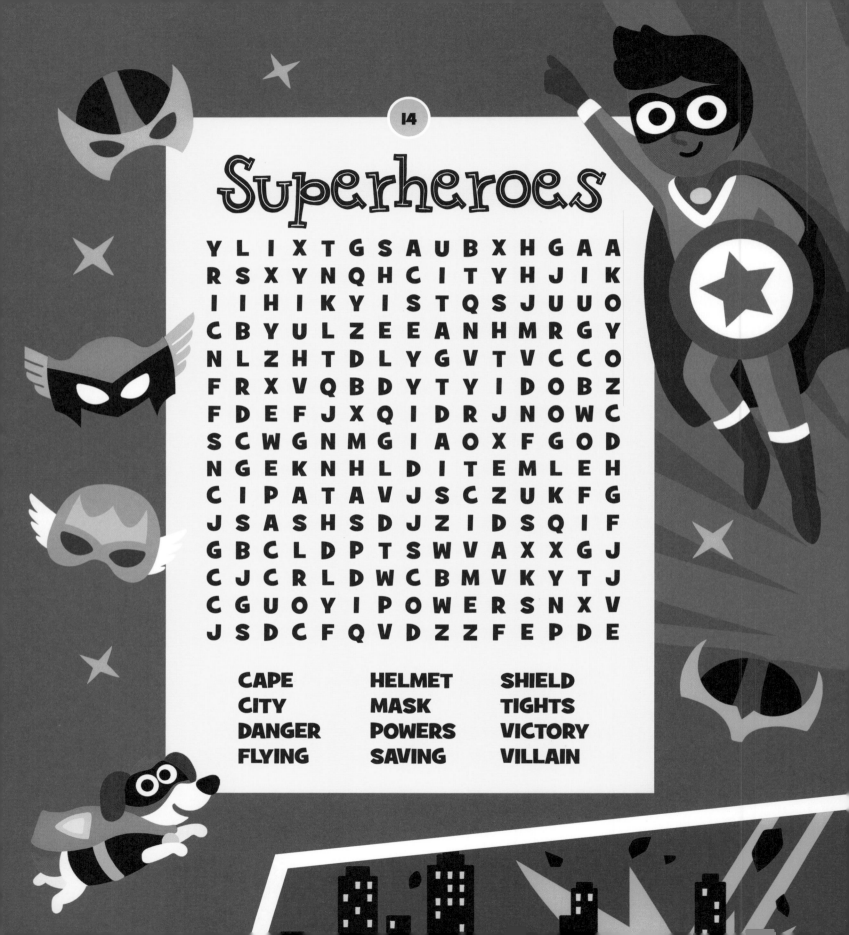

Superheroes

14

```
Y L I X T G S A U B X H G A A
R S X Y N Q H C I T Y H J I K
I I H I K Y I S T Q S J U U O
C B Y U L Z E E A N H M R G Y
N L Z H T D L Y G V T V C C O
F R X V Q B D Y T Y I D O B Z
F D E F J X Q I D R J N O W C
S C W G N M G I A O X F G O D
N G E K N H L D I T E M L E H
C I P A T A V J S C Z U K F G
J S A S H S D J Z I D S Q I F
G B C L D P T S W V A X X G J
C J C R L D W C B M V K Y T J
C G U O Y I P O W E R S N X V
J S D C F Q V D Z Z F E P D E
```

CAPE   **HELMET**   **SHIELD**
CITY   **MASK**   **TIGHTS**
DANGER   **POWERS**   **VICTORY**
FLYING   **SAVING**   **VILLAIN**

Water Park

```
T R D P P S G N P C G H B L G
C A O T L O E H R N Y S L X V
I O S X G L N L I J R A I S V
L G P G T B A V B R M L A S E
W K L J E A I B C B W P S C A
X E Q C W D M H K F U S H T P
S A Y W K G N I R S P B N L B
L A D D E R S B L M Q G D C Y
I Z Y B D K F F J Z Q U G F T
D T Z D V M O O I M Z G I W N
E A O S D J L N I U J O A R T
Q N E J T H O L E K R O N S T
J L M R L K K T V S J H C J A
P K Z D U N U M U R Y C V I D
R A B C J I E X R P D A P B I
```

BALL   LADDER   SNORKEL
BUBBLES   POOL   SPLASH
DIVING   RING   SQUIRT
GOGGLES   SLIDE   WET

Concert Time

16

```
N I C B C J U G E P B J U C G
N B E M T T N R N C D Z Z X J
P I N R K I F E O J G R P V D
L G J F P C R E H F E J O R S
A S Y P X X A H P I E C N A D
P R A S O G Y C O F T M R L U
T L Y Q P K L C R G B S P T D
C S I N G I N G C U V C H U H
K A I D G H U H I I Y E D V A
R H M H N O M D M T G J U N Z
D V T E S P H A I A C R O W D
Y S C G R R Z H T R A O S G D
M L V F F A A S V H G F S F H
A Y V J Y V S T R X M C H Z S
Y I L Z Q Z N V S V K M H U T
```

CAMERAS	DANCE	MICROPHONE
CHEER	GUITAR	SINGING
CLAPPING	HITS	STAGE
CROWD	LIGHTS	STARS

Up, Up, and Away

```
G U J C K C A Q V W U W O J H
T N G T L F D Z D T N M G Z P
F Y I O R J D S J Q O W Y R D
M D U B E U R Z S R O L S M L
Z D P Q M T N V Z H L Z I L W
S S O P A I T W E B L O D P N
U P R I I G L L A X A F F R L
E X R O O D I C E Y B S N O E
N E T U H C A R A P O G F C L
X E Q T O E N A L P N M A K H
K Z N P A T V G L I D E R E R
Y Z T Y V C E W D X Q L R T V
X E O R D N R N Y Y T M I K J
R B T Y O J A J W K R N N R P
B O Z U J L A Q Y S Q F I K W
```

BALLOON   **HELICOPTER**   **PLANE**
CLIMBING   **LANDING**   **ROCKET**
CLOUDS   **PARACHUTE**   **RUNWAY**
GLIDER   **PILOT**   **SKY**

Underground

```
R I D C Y K K T C Z N P Y H C
E E Y S D N O M A I D K V L A
E P Z O Z R Z F Z X C K B E V
X N P Y R T A R K K E K A S E
Z N O A K C B C U B C R P L S
M K C B X X X G M V T V H I E
O J K P A B S E N H I I K S R
K Q C U M I P V W I A A U S P
O W G B Q R S O C P G T N O E
Q N K N O R R U E N Y G J F L
O I I O Y M T U N N E L I N O
T Y T O E N I M U C D S W D M
U S L C N F X W Q N V S N Y J
T S S M Q O Q G S L W J L H O
X C N M K U F P A O K R B Z W
```

BONE	DIGGING	MOLE
CARROT	EARTHWORM	ONION
CAVES	FOSSILS	ROOTS
DIAMONDS	MINE	TUNNEL

Myths and Legends

```
N Z E M F H L D N Z D R G D W
O L I Z B O C T U P A G O Q B
N J N S W D R N O B C T L D M
T H E Z V N I T Y I U M D M Y
Z J G Q B C W Z U F I M L T Z
D T Q B O Z B H N N O E X N D
L E P R E C H A U N E R H M T
M B N W P D L K K M L M P R T
P D F V A Q S R B F B A J V Q
H Q Y L N N L J B M T I W M M
V K A R B P D M Q E M D R R U
T M V O I O P V Z F V A X X F
P W C N X A G M A X H G U K C
N O G A R D F X L C Y E T I J
I S N L E G E Y J R E T H O X
```

CHARM   GENIE   MERMAID
DRAGON   GOLD   UNICORN
FAIRY   LAMP   WAND
FORTUNE   LEPRECHAUN   YETI

Hungry Sharks

```
C I X O C E A N T P K F W L V
I P W C Z S Z A O R Y P I B E
R J Q K H W I S N A V I Z N D
C A E L Q L T Y W H T E E T S
L W P D Q A I O H I E T G K J
I S Y Y T V Y A O T M D Y K H
N G J T S B Z U K J B M P X C
G N A L P Y H E F N R J I W U
L C L H A M M E R H E A D N E
K I B M O J W A H D G V L G G
G Z N Z D Y Y X L E I X H S G
I K M V B R H R X Q T V T D J
R E G I H E W Y A H U J K I U
D U B C B Y D N C C F O X I Q
F I D J V N S F V X S Q R Y G
```

ATTACK   HAMMERHEAD   SWIMMING
CIRCLING   JAWS   TAIL
FINS   OCEAN   TEETH
GILLS   SCARY   TIGER

Walk the Plank!

```
Q A G D T F E Z N J T C X G Q
K N A L P G N A H O R D O S K
E V A F Q A U A R O C L Z Y T
L R L U K T T R S E D H N W E
U E U R W W A S C X G K E K J
B C M S Z P B Z D A Q I L S O
X O D D A O E Z D I I M S L T
V C U N N E S P S S K U L L I
T E B E A C R C S A X Y K P N
D A S A C S X T A W N X A A H
K N C C K H I E L P I H S M A
C X N D P A N I G Q M V O V P
O E Q I A F O P Y J X M B V L
K V Y Z N U F U P H X W C Y V
Z L C W S B W Z S C V Z K Q B
```

CHEST   MAP   SHIP

CROSSBONES   OCEAN   SKULL

PLANK   PARROT   SPYGLASS

GOLD   SAND   TREASURE

Ancient Egypt

22

```
H E J J M S C P R M L K Y H B
M I C E N A X H L Y P M Y A S
F M E A H N D A J T M F W Q J
U S I R L D Y R L U O T L A C
L T H F O A R A M P T M G T X
P A L M S G P O U P R J B M D
S E V A L S L H P N E O U L R
U Q H A J J D Y I W S A H D V
P H B O A I R L P H E B C M W
H W F X W A E E P H D I H G G
N G B H M S C D G I I V L X N
A B U I B G C B Q P Y C W C P
A U D E D H L H A J L T S G U
T F E P Y C H Y T A C A U U G
I N X J U V Z F I I K K O L Z
```

CAT	NILE	PYRAMID
DESERT	PALACE	SAND
HIEROGLYPHICS	PALMS	SLAVES
MUMMY	PHARAOH	TOMB

Hat Trick

```
S T D R X T K X F G N V B M I
H W V R J E K W I A W F U O E
A N G T A N R Q I Z O S P T R
B V N G W Z Z C M K R K A L M
P U R O Y C I S Q Y C T R A G
O Y L S V G N W A T M W T Z E
J C D S A I R E T N I W Y J S
J O B P M M Y K Y A D T N A X P
Q X O G S K C I R L C A J Y I
K A X Z O Q V B N O Z X Y D R
B A S E B A L L W G R H L A A
W I T C H H X B N H D M M K T
Z T W C Q T O X Z J W F M V E
O T A B X Y C G X W T W L G Z
L C N T N F J T A C X F Y T O
```

BASEBALL   MAGICIAN   VIKING
CLOWN   PARTY   WINTER
COWBOY   PIRATE   WITCH
CROWN   SANTA   WIZARD

On and Off the Road

```
K E G M F D O A P M S Z I H E
C A R S G Q R S J N K F D K A
C Q T K I B N I G R D R I S L
S C O O T E R I V J R B O E U
K C U R T W S B T I R O X N V
S V D J H R Q U A O N F Y O O
Z B G E E W Q S T N K G O C Q
V I E H U L N O V T I M A F R
H L U N H D M D C R B A J A T
S I F A R Z F G J A D M R P O
A M X Q H R Q W K C Y C N T I
T H Q N Z I H C P K H R I J A
U V L I U K E B X S G O M Y F
T R F X I H U M G W D I R D I
Y Q F H O K I X Y T W R V N Q
```

BUS	HORN	TRACKS
CARS	MOTORBIKE	TRAIN
CONES	SCOOTER	TRUCK
DRIVING	SIGNS	WHEELS

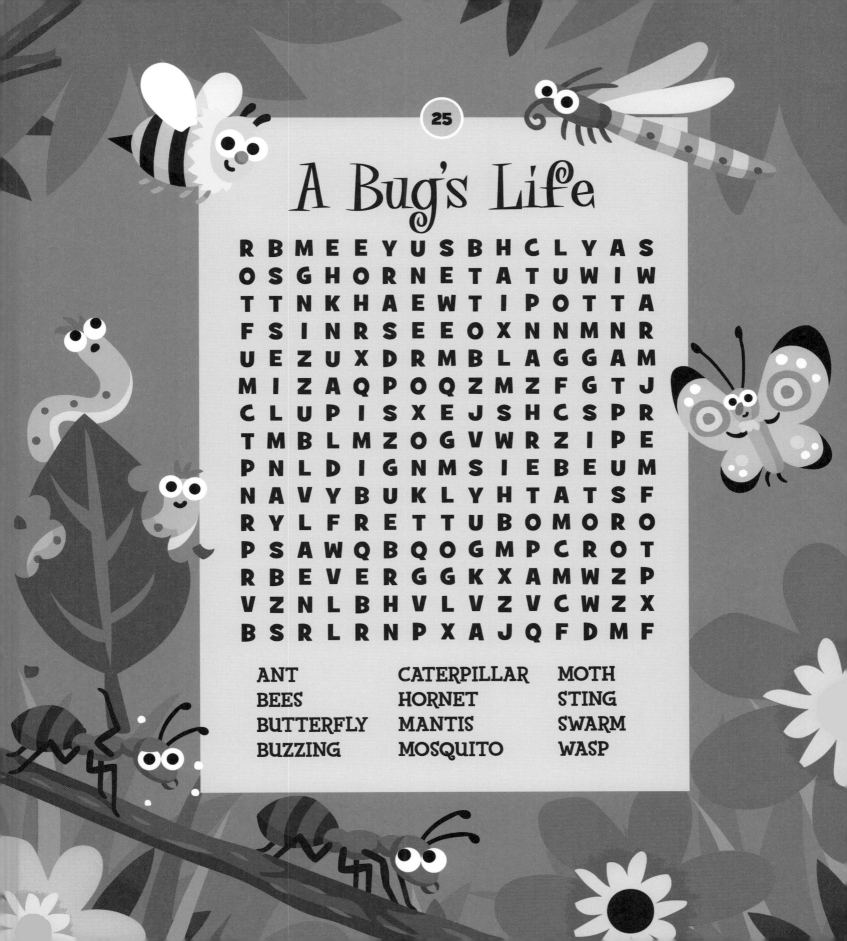

A Bug's Life

```
R B M E E Y U S B H C L Y A S
O S G H O R N E T A T U W I W
T T N K H A E W T I P O T T A
F S I N R S E E O X N N M N R
U E Z U X D R M B L A G G A M
M I Z A Q P O Q Z M Z F G T J
C L U P I S X E J S H C S P R
T M B L M Z O G V W R Z I P E
P N L D I G N M S I E B E U M
N A V Y B U K L Y H T A T S F
R Y L F R E T T U B O M O R O
P S A W Q B Q O G M P C R O T
R B E V E R G G K X A M W Z P
V Z N L B H V L V Z V C W Z X
B S R L R N P X A J Q F D M F
```

ANT   CATERPILLAR   MOTH
BEES   HORNET   STING
BUTTERFLY   MANTIS   SWARM
BUZZING   MOSQUITO   WASP

Athletics

```
T M Y J J M H J M X F U C U R
O V E U N U K A T P J H I E G
R M M D R B A V V S E Y V P K
C P M D A W H E A U A L Z P U
H Y L J T L S L J R I N G S H
S E L R S F W I X S T B M L Q
S W K Z M I O N D L O G F Y A
C Q I B G I R O Y H P V E N G
B Z E M N J H G X U L A E P O
H R I X M Q T Q X E C N K J T
D C A C T I P M X U J U K K K
G N G N I N N U R R D W M R S
N P F K S M L G I L F Y I I Y
W J Z V R T T B R Y M B H P T
H Z N C Y C K Z Y L J H N J Y
```

GOLD   JUMP   SILVER
GYMNAST   MEDAL   SWIMMING
HURDLES   RINGS   THROWS
JAVELIN   RUNNING   TORCH

Cops and Robbers

```
V N D C Z J X C H H D S W A O
D N A S M I H L J E R S H O U
N Z Z C A A E K F F N E V I S
R O S H S B P H D L R N G S A
P B F E F C A J W Q F T C I Z
N J A B Z C T S O I S I N R U
L D S F F U C D N A H W K E Y
R B K K U A D G T S Q B E N Y
T A A A R R E S T H Y C N U Q
I W L G A R C E O P I E C D G
Z S E G P O V Z C L O E K P P
R Z M R R E X W O J W A F G L
G L I A J U E P E T H E V B V
L N L Z A K B M L D U D F W R
T Y Z I E U H Y B F A B A R B
```

ARREST
BURGLAR
CHASE
FINGERPRINT

HANDCUFFS
JAIL
KEYS
POLICE

SIREN
TAPE
THIEF
WITNESS

Skate Park

```
R T K C G P U O E U K I P I G
L E T N Y Y M X H M K M S K N
W I E R F R A C J D A E V C I
E H B H I T M U T R T R V O T
F L I P C C M X H E L M E T A
W T O B I P K R X Y Q Q X F K
D G E L S R L S I G I X T D S
D E D K A R S K Q D I X R K U
D W O R C S D V Y A E V A B J
Q P D E E H A T R Y I B C W E
E X E D A P P B V C T S K U Q
Z S A C Y M C G X Q V V A Z W
O L M C L L M H K G B Q G G V
B M X C B U E A H D C K V U W
J O X Q T I F C I B W R G Q L
```

BLADES   HELMET   RIDE
CHEER   JUMPS   SKATING
CROWD   PADS   TRACK
FLIP   RAMP   TRICKS

A Sunny Day

```
C G G O E F N P P T T H L D B
J I Q R Q L B L I C B M S D L
Z K N Q G V A L D G Y O X X W
I H Z C G Y L K U L R F F D S
A H S U I Q B B C L I X B O D
J G M S B P I N K Z T Y C Z W
P K P O K C L S L I C B W O N
H I W R Y I E R I R E W F A I
C T V C F E P N N K Y X P Z F
N E L O R N Y P G S D U O L C
E E G T P A B O I B D N O P B
B Z H S F S K L E N I Z F J N
T V H Z Z L T Z J Q G R L H E
C N W N C R S W I N G L D Y P
A T B J Y V Q N D N W Z D S K
```

BENCH   DUCKLING   POND
BICYCLE   KITE   SKIPPING
BIRDS   PICNIC   SWING
CLOUDS   PLAY   TREES

Royal Family

```
F E S A U S Y C K Q A P E W P
P O G A W C P L C A C L J R E
J P O A Z I D B F L T K I O V
I G V B I N Z W L S C N O M X
J E S T E R A W A L C I T S K
T K B F I T R C Y E C G A R S
X S F J Q K M A S R Z H O E S
C C T U H B Q S C N I T M N E
V G E L D E R U S A E R T N B
I E N V S K H E K H T K L A W
N M Z I V P W I K E I R M B F
D X Z S K Z M A H L V E Y Z B
Z U U U M G U F J R U Q L D Q
N W O R C F Q M M B A W G D J
N K U R H E C X L S C K N N K
```

BANNERS   JESTER   PRINCESS
CARRIAGE   KING   QUEEN
CASTLE   KNIGHT   SHIELD
CROWN   MOAT   TREASURE

Witches and Wizards

```
B O O G B K T T R M L L V E H
E R Y S V E B X A D A X D N B
T B O A Q R A G J T T L K U E
V D P O V F I R S Y N G T T J
M A V H M C P Y D L I G I R V
U K J I A S R T R M O S R O Y
X C V L Q C T K Z I T B W F V
S P E L L S O I F R O B M C B
T A C V X Z N P C O A B K Y I
Z C X P O A K S F K D A O E S
O K Z W G T X K F J S T C F D
T I L L X K U W F X T S L C K
B B X C T X Z L J G O Q K Y N
E F M F D I L R Y M O L P W A
E S I R N U S H A B L K I M C
```

BATS   CRYSTAL   SPELLS

BEARD   FORTUNE   SUNRISE

BROOMSTICK   MAGICAL   SYMBOLS

CAT   OWL   TOADSTOOL

The Beach

```
E O P S J C S W H I J S T W Z
M O C Z W U C A C W O U E Z U
B N U E R I R V Z I X N K Y H
H S I F A B M E X Q I B N T K
M G I C J N L S E B L U A A P
G N I L I A S L U M A R L Z P
G V A G O G T F U I J N B L F
T O W E L S S C U G T T N M H
K L F U A A G B T A A A V N U
U K F C M N D U X C F E F R W
V A V E X A J H R K G P S D S
A Q X X T J D J L O D V U A Q
Z H Q N F F O C N L Q W N R U
G Y Q N S H X Z K B I D A V J
S B M I E T F C O W N L W G R
```

BLANKET
CASTLE
FISH
OCEAN

SAILING
SAND
SEAGULL
SUNBURN

SURFING
SWIMSUIT
TOWELS
WAVES

Wild West

```
P E O H S E S R O H P I G G Y
B A C A I W W B I R I C P I J
L U N S B M R N X S S O T P Z
N O O L A S R S T Z T I J O Y
D A C S N S K A N I O N C D F
W F O A N T G E X O L V I R X
R K T A T E S T J T G A P T S
A L K H C T R A W Y E A L V B
T E I O G E L M S O O J W Y M
S E A U S I L E Y B S G K G V
B C R E O R F D V W S G L S Z
H O D O H H L N P O A P Q Z O
C A C T U S L G U C L B Z G R
K C N G T C S L G G V H R D T
A H W X R Z C O T B J P N K O
```

CACTUS   GUNFIGHT   SALOON
CATTLE   HORSESHOE   SNAKES
COWBOY   LASSO   STAGECOACH
DESERT   PISTOL   WAGON

Woods and Forest

```
E A G P F B M N D R X S X R L
P U M D R U U W Z H G Q X O T
Q V V A K B I R D S P U Q G F
F K N K N M R A E B S I W V L
Z C H Y U B O H B Z H R Z Z F
H Q Y T R N H O Q S L R N T C
A Q I P T Y N A S I G E W H T
U L O L Q I R R A E Y L V Y N
K M E O N C V N O J Z A F C L
B C N T P T S T Y C Q O Z R I
H S Y P K V R H D U A K N D P
N F I K D M G E L Q N C J S J
X L D H Q A E N H L U B D M C
T I B B A R Z C O B T U S V E
P Y I J H N Z O L Y S G E O Z
```

ACORN   DEER   RABBIT
BEAR   FOX   SNAIL
BIRDS   MOOSE   SQUIRREL
BRANCH   NUTS   TRUNK

Australian Animals

```
Z V K Z F N V P W G J O E Y N
X T F C A F M J E D Y U U V Q
K A N G A R O O E A W T J Z Y
P S E K A N S L L A L B Y P K
H L T R I Z I P L V G A E N H
C M A L E D A L K Z Y C O C X
J Y K T O E A Z R Y G K U K E
Y K Y C Y B F I A H O O Y C M
Y Y O A Y P N B H X P Q N U U
S R N F X V U X S F R I Y I W
C W O H Z L B S E D W U P N C
E J S F S K B G T X Y Q U S Z
L W Y V M K X Q A W G Q I I G
X X P P N L E F S W C K T J B
E L F B C L G W W N D G T A M
```

CROCODILE   KOALA   REEF
EMU   OUTBACK   SHARK
JOEY   PLATYPUS   SNAKES
KANGAROO   POUCH   WALLABY

A Square Meal

```
F W P E Z J S P O D A U R F B
I R O O J F O C P E E E Q S A
N K Y D T T R F A P E A S M K
Y N N I A S C S Y T Q Z O C D
T T K T N R A P C L S S V X V
H G O O K G B O T E H A Q B H
I V V V E G E T A B L E P A E
I E M S S O T J L P D S D K L
N A K M M Z I H L B K L E I E
K S I H W E S A L A D W V N P
Q R F B F C T S B Y G G O G L
T W N I Y H U L Y D B L T T L
A C N N I E F G A L L G S J J
T K G P I F I O A I W K G M X
W K P X B L Y W Q T J Z K B P
```

BAKING   OVEN   SALAD
CHEF   PASTA   STOVE
FRYING   POTATO   VEGETABLE
KNIFE   POTS   WHISK

Solar System

```
Z S V Y X G P C M H G D H U F
C A Y S S L N A O S P V W W E
B A U V A R K S Y M R P A D N
U G M N U W P E B R E I U Z U
M U E T I B R O T O U T T J T
Y T A V E M R X E G A C D D P
S S R E T I P U J M S Q R L E
E S K N Z C N K O T T S R E N
K D X U A H Q O Y G E C R D M
E U F S T P N Y O L R P U A V
U R A N U S P N I S O U U F M
Z C K P E R O C G D I K D Q U
I Q K U J S B N Q W D Y H N E
M H N A L Z X W K G D F K I X
D E R F R H C T W S J O N M W
```

ASTEROID   MERCURY   PLANETS
COMET   MOONS   SATURN
JUPITER   NEPTUNE   URANUS
MARS   ORBIT   VENUS

Fun at the Fair

P B B P H P V N E B H T B B N
M M E Q F K H S Q K Q I S Y Y
B V W K Y H R C H U R H C Q E
D A Y Z K T O K A O G Q T H S
Q G L H C N O R V F O E A S D
H D P L T R W A N O K T R A U
I K H E O T T J W C Y N G L C
D M S J R O L L I R H T E P K
Y T R R I P N T U K M D T S S
P R I D E S B S V Q P T S L N
K D X I O N F F W V A J I V T
B Z J I V K N C M V H D V D P
D B J D Y L Y I O O E L Y Y S
S L L E B L S M W V B C X V M
Y D A M R D P D J A G L X N W

BALLOONS   RIDES   TARGETS
BELLS   SHOOT   THRILL
CONTEST   SLIDE   TICKET
DUCKS   SPLASH   WINNERS

Out to Sea

```
J B M H S E O S E P B P I P G
W P U P X B K N A A R M X O U
C X I O G B I J W D K A Y A K
G H Q C Y R R O P D P S U E A
S N M Z A U E T T L Z T F M Z
Z L R M D D N W U E S K K Z C
A M B D O A R S W G E L Z K E
P U E Z Z X X R I W B J I P V
S R Y O W J X Q F X S O E A O
D M R S W I N D S U R F A Z S
B L R B Q P T O T E E W I T J
F J E P R G J C T N L W U L S
Y C F E W Y C N Z C I X X M Z
V S K K G N C E S L U Y Z X U
E Y D Y O Q X J Y M R N N A Q
```

BUOY	OARS	SHIPS
FERRY	PADDLE	SUBMARINE
KAYAK	RUDDER	TUGBOAT
MAST	SAILS	WINDSURF

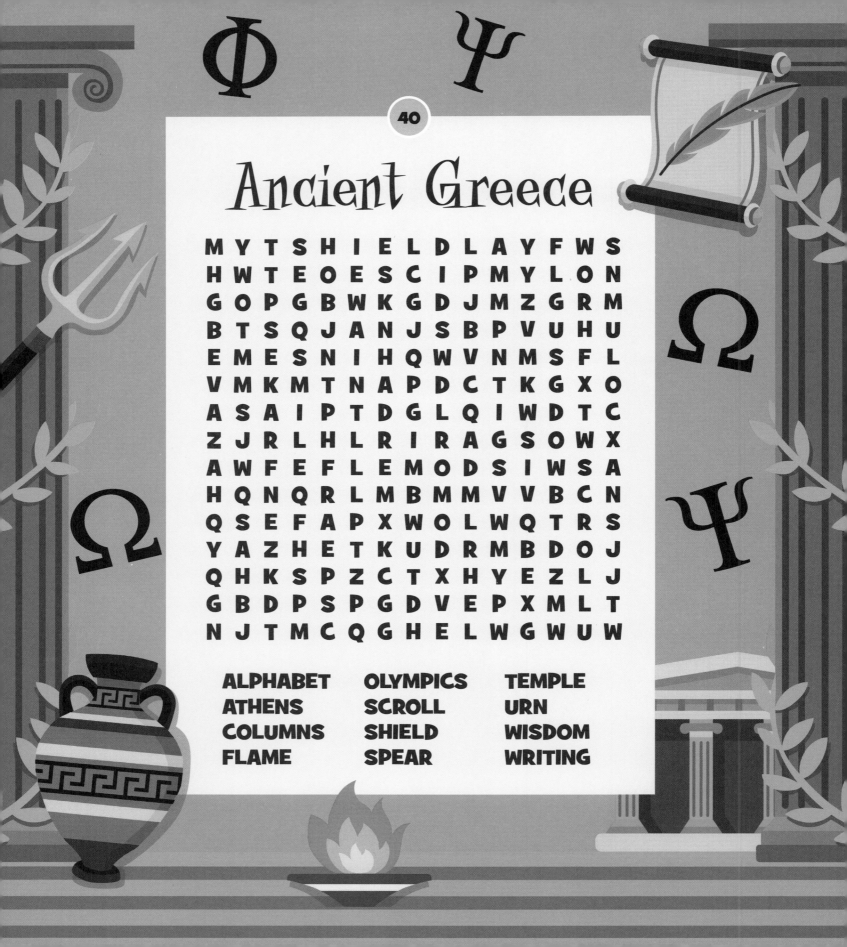

Ancient Greece

```
M Y T S H I E L D L A Y F W S
H W T E O E S C I P M Y L O N
G O P G B W K G D J M Z G R M
B T S Q J A N J S B P V U H U
E M E S N I H Q W V N M S F L
V M K M T N A P D C T K G X O
A S A I P T D G L Q I W D T C
Z J R L H L R I R A G S O W X
A W F E F L E M O D S I W S A
H Q N Q R L M B M M V V B C N
Q S E F A P X W O L W Q T R S
Y A Z H E T K U D R M B D O J
Q H K S P Z C T X H Y E Z L J
G B D P S P G D V E P X M L T
N J T M C Q G H E L W G W U W
```

ALPHABET   OLYMPICS   TEMPLE
ATHENS   SCROLL   URN
COLUMNS   SHIELD   WISDOM
FLAME   SPEAR   WRITING

The Mighty Jungle

```
K R C A E L G M X Q C T W X L
H U M H B E C O B R A J A K E
L O C M A B Z P A N T H E R O
J P T M N T M N W T D A C U P
K N F T N O T H A N O G U S A
M W I Y N Q O E M P G R E O R
A O W K Y I K P R N M N R D D
D D E V N A C U O T I I U A A
N Y H D P P Z S H V D H H A P
A Z M D D A D Q E A Q F K C L
P D N F C R B L X Y C Z N P U
W Y I E I M E U Q X Z N E I S
I W W B I D R E U Y C T O B R
K N S J R Z T D X B S A G F Z
I F B L Z D O E K H F L I S R
```

BIRDSONG	DOWNPOUR	PANTHER
CHATTER	LEOPARD	PARROT
CHIMPANZEE	MONKEY	TOUCAN
COBRA	PANDA	VINES

Artist's Studio

```
B M P V T P P P V V X S R M F S
D T U O M D O T C L P U W W C
K P D R Y N H R I G G S B M I
S N O Y A R C C T K W V N O S
A Z J N T L N X T R B I D P S
V W H M M E O D N E A V A E O
N L F M P B R U S H K I O A R
A L A N D S C A P E N S T S S
C M R S J Z P S B T V O R E V
R L W M Z H B D E M N K G L B
L Y W V R Y X R L N P V K W D
Q C S O T M N R R Q Q X L E Q
H O I M Y S G S V X O K X C S
V L I J S V T W Z T A P T W P
S E D Q V C U V Y Z U C N J Q
```

BRUSH	LANDSCAPE	PENCIL
CANVAS	MURAL	PORTRAIT
CRAYONS	OILS	SCISSORS
EASEL	PAINTER	SKETCH

Frosty Fun

```
Q H P Y P S B S S I U Y O E P
B J E M T L T I N Y F I S Z Z
V R K O C N B J O K Y J Z E A
B O O I E S N O W B A L L E M
H B E S T S Q R M O J B G R W
P C E H P C C Q A T D U S F A
R R F L R W I A N A G O O X E
P I C O C O A G R U P Y G I J
Y Z M G L I L M A F X I I H K
K X Q P N O C R I S E T A K S
X E Q V V E K I G T R C M N J
S T R E B H P R X Q T Y S S X
N W S P M H M A K Z E E B K I
J V A B N N P M L P A K N I C
N X B N L W J I V P Y L F S J
```

BOOTS	ICICLE	SKATES
COCOA	MITTENS	SKIS
FREEZE	PRESENTS	SNOWBALL
GLOVES	SCARF	SNOWMAN

Folklore

```
A B Y L A T Y M J V Y V R F V
C H A R M S L L O R T I G P U
P J S I W C P F G O X I V G V
A R L E L L A D L R R I Y D K
E M I O V O J R A L P H O O S
K F V N M L R A C P G Z S E X
F E O Q C H E G I A N S I U K
R A T R U E L O G B N X L C M
M E R W A D N N A E I L E G K
J X Z B C H I U M P R Z L Q K
G N A I Q M K W O L F N K M H
G D S C I N P A H I G C K E H
L U M W Q L M R B C G V F A L
M K A G D Q U W K X X R L M I
C J J T R I P V V M T Y L C A
```

CHARMS   MAGICAL   PRINCE
CLOVER   MUSHROOM   PUMPKIN
DRAGON   MUSIC   TROLL
ELVES   PIXIES   WOLF

45

Deep-Sea Diving

```
H Q Y Y N P M Z V E Q A D B S
R B Q U E A U R F Y Y S Y E W
R I M H T W G F L N B F R W O
H O O K S K G N F V F U W Q R
O X L H W O A H Y E L Z E C D
S W O N N I M D P B R E M F F
B Z D S P U X C P M L F K W I
C A B F V B U J U N Q J I H S
C L I E G F W K G O J J A S H
H E B T T X G H R V M D H D H
V L X H Q D S K Y A D N T X S
W Z P S Y Y L K H O H T L E V
D O C P U T Q A C K Q S B T O
G A T A W R M K X D E K N S Q
R T A T H G Q B I L J A I E D
```

BAIT HADDOCK NETS
COD HOOKS PUFFERFISH
EEL LURE SHARK
GUPPY MINNOWS SWORDFISH

Off to India

```
E Y D A P V K Z Y Z H Q N Z J
K L H M A S Y B J U V O Q C M
P Q E O N P L J U B T R Q O G
Y X U P T S N A K E S O N B A
T Y C U H Q Z N X X U K U R I
A I S G E A E S A F E B M A S
P K G V R L N I D Y M J H Y E
Z C U E G M J T S R G O T F L
B O A N R T P W M Q A P B Q T
F Y U X L R W K L S D Z V X E
I J K C O C A E P M I T I X E
Q P H O Z T L S E P Z X I L B
D K W D D P V M E E G D W R L
R H I N O C E R O S W E J R M
I Z S U O C D T N F G C L Q I
```

BEETLES   LIZARDS   RHINOCEROS
COBRA   MONKEYS   SNAKES
ELEPHANT   PANTHER   TIGER
JUNGLE   PEACOCK   TUSK

Knights and Castles

```
R H E L M E T O H T K W V F Y
B O B O H G B A N J E T P L Y
Y E S A I L A E U H Y U C P L
M P K I O V M N V E S R A S N
T I K A V A I W C A U R L M U
Z O O E N S L N U C K E D Q Y
W U W R P O A T N V U T I Y C
T N U E S L J X C K L C R I S
L O O J R H R U P Y W Q J T D
T Z E E R E I N O G A R D T D
Q O N Y S Q P E S W O R D S P
E L R C X Z I O L F P Z E U S
L U U W I J U V V D D G P O O
E E I Y E S Z E U Y J L E J L
Z I Q F Q T I K I E Z U H Z P
```

DRAGON	LANCE	TOURNAMENT
HELMET	RESCUE	TOWER
JOUST	SHIELD	TURRET
KEYS	SWORD	VISOR

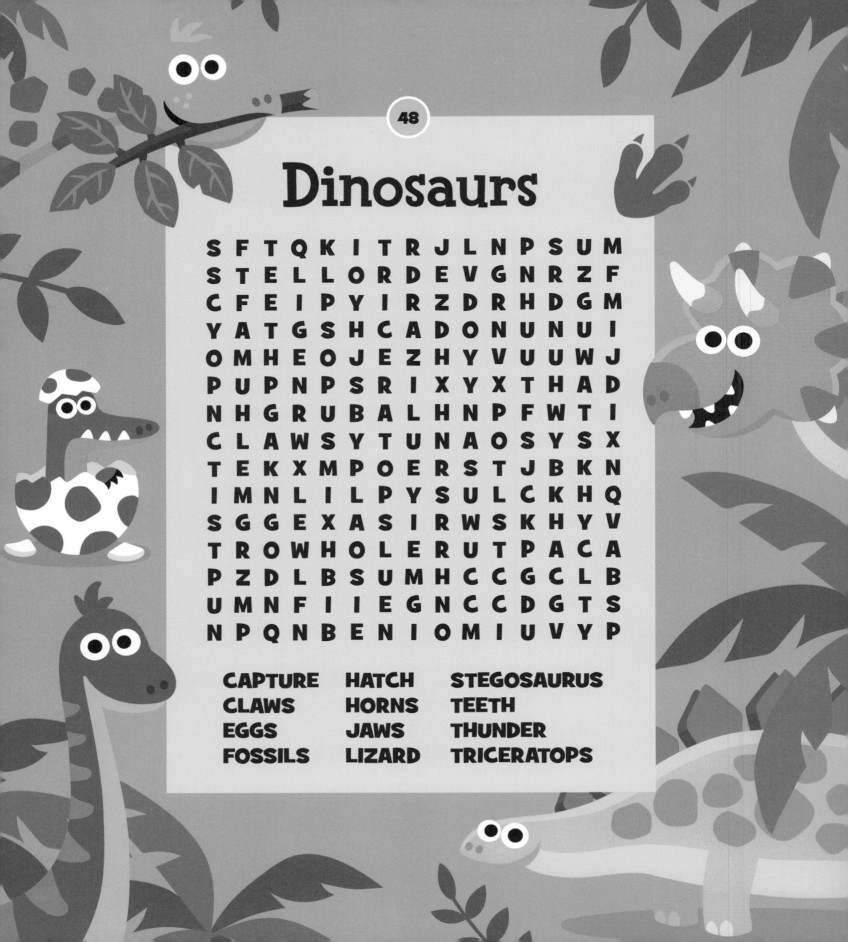

Dinosaurs

```
S F T Q K I T R J L N P S U M
S T E L L O R D E V G N R Z F
C F E I P Y I R Z D R H D G M
Y A T G S H C A D O N U N U I
O M H E O J E Z H Y V U U W J
P U P N P S R I X Y X T H A D
N H G R U B A L H N P F W T I
C L A W S Y T U N A O S Y S X
T E K X M P O E R S T J B K N
I M N L I L P Y S U L C K H Q
S G G E X A S I R W S K H Y V
T R O W H O L E R U T P A C A
P Z D L B S U M H C C G C L B
U M N F I I E G N C C D G T S
N P Q N B E N I O M I U V Y P
```

CAPTURE   HATCH   STEGOSAURUS
CLAWS   HORNS   TEETH
EGGS   JAWS   THUNDER
FOSSILS   LIZARD   TRICERATOPS

Plains of Africa

```
A S E M U R W G S F Q G L W U
N T K W E Q A R O V L H E R D
E F L U N Z E A R H N Y P G I
Y U G T E K C Z E F F A R I G
H G T L N E Q I C E L O E V A
Y U L S A P J N O S N S W B N
C E J S E D I G N N V K G B T
B B B R U E R G I W I V Z A E
Z F L N V E B S H X R H W D L
J R O A U Y N E R T A D W S O
M I T M W N P E D K N R N I P
L I W C R L C B E L D I B R E
S U M A T O P O P P I H N E W
E K Y P F X U J E I V W M G Z
K M I K G R A S S L A N D G Y
```

ANTELOPE   GRAZING   LION

GAZELLE   HERD   RHINOCEROS

GIRAFFE   HIPPOPOTAMUS   WILDEBEEST

GRASSLAND   HYENA   ZEBRA

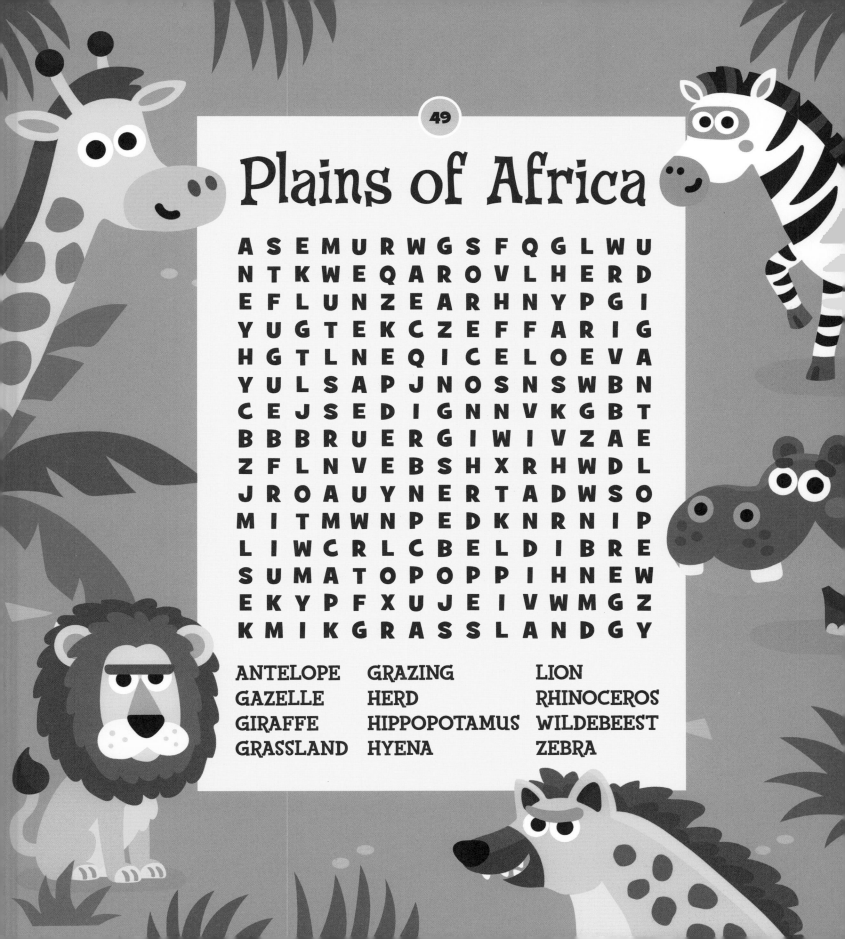

Emergency Services

```
O F T L L P Z H R L A D D E R
P E I Q A H O O C K P J B E W
G R Q R P C A L W N I B C F L
N T P K E D I L I U G R G Q Y
X W D R B F E D U C H T A R K
N F J L M C I J E G E W M Z A
W P O P P R N G E M D N B V R
Z C E S R U N Z H P B S U C R
K T A O B E F I L T I K L R E
J Y H O S T L P K R E U A O S
G Q F W L Z P N E U G R N T T
O J D B I P D N C F U V C C T
L X I D B D P S L Z A H E O O
H P I Q X K E B H P P Z W D Z
M P U G V R I M R C Z I S J I
```

AMBULANCE   LADDER   POLICE
ARREST   LIFEBOAT   RESCUE
DOCTOR   MEDICAL   ROADBLOCK
FIREFIGHTER   NURSE   SIREN

Monster Mayhem!

```
M L W M E W N R K E M P T Q X
G O H I T R R Y I C J S D A U
R E O O T Y I B D R H C O L G
E F M N B C M P H Y T A D X O
O B W X L O H M M R D R T L G
K K E A Z I S P A A S Y R D N
I E R N F O G E J K V E E X I
U I E Z B T I H E K U Y E B L
O U W D Q L J L T B J I Y T W
C S O G Z K E K S F E X A C O
B O L B Y T A L U C A R D W H
L X F K O E A B M J K H X V T
F Q L N V M M D A C I B K Y E
F R A N K E N S T E I N O B S
M U M M Y V V W Y Q L G F K K
```

DRACULA
FRANKENSTEIN
HOWLING
MOONLIGHT

MUMMY
SCARY
SKELETON
TOMB

VAMPIRE
WEREWOLF
WITCH
ZOMBIE

On the Farm

```
R R P A S Q D E L V Q K U L R
A E Q J E L L S D W R P I J O
I H T L F T P E S G I P R S T
N J I S T I K W F J T Q Y D C
T D A A O J E S E J M P M A A
E T C K D O D L B A A M C C R
C H I C K S R R D M R Q D V T
S T R V Z I V A T S K T Z H Y
Q V N D Y S W L K I F X P O I
U W Z R R V O P F N H W B R O
K R O F H C T I P E N M S S L
R Z I K Z F I L N V A R Y E I
J X B Q Q J B S R L M E A W S
Z T D Z S K M W J T Y M X B H
C B K K C F T B M J Q P K E X
```

BARN   HENS   PITCHFORK
CATTLE   HORSE   ROOSTER
CHICKS   LAMB   SILO
FIELDS   PIGS   TRACTOR

Pet Party!

53

```
P U P P Y P P P Q P T N F T I A
G F G O E T Q S U I L Q Q B Q
W V X G V R V N R B O O Y H N
X T R O F S C T R B U H A N K
G O L D F I S H I A X M Y P R
G R B X V R F O N R S F U A G
E R R T A Q K W G T V P D W C
X D O L P V N N E T T I K S C
M D L O F M F R P A R U K H K
O O P N M Y M I T W B V T O E
C I X N J I R N D R R R T X U
Z E W O G A N A L P V L C K B
Q R T K P Y T G N O J K E O V
B S E L Q G D U Y A I E N D R
Z Y E D K N Y I O Y C E D L Z
```

BONE   GROOMING   PERCH
CANARY   HAMSTER   PUPPY
COLLAR   KITTEN   PURRING
GOLDFISH   PAWS   RABBIT

Giant Monsters

54

```
L T H P S E C S J S E P F I I
V N R T G I M R G K Q P N F B
S F O R M A V D E Y K P A Z F
R N G O S S T E J S L E O T P
L Y T H F D G Q A C C I L A L
B A I B A T T L E R D U N I X
D N Q W L T O A O A T I E S G
G W X D Q A W C K P C Y M M A
J D C L W O S M A E R C S T J
K A N K E A L U Q R S A P O M
B R G A Z G L E P N E K E W K
B E Z R L J G C O G N E S E A
C C Z F X S V O Q I A O J R D
I P Q P I O I C K R L M O Q I
T Q A N L V R E A S P J C A M
```

APE
ATOMIC
BATTLE
ISLAND

JETS
PANIC
PLANES
RESCUE

SCREAMS
SMASHING
SKYSCRAPER
TOWER

Snack Time

```
O Y J Y Y G E S R C W M P X R
L G K C N R E C O A R U C N E
E L P P A I R O T R E L A X L
P A Z L R F U E C F A P V K P
G X O R E D R U B L Y N V X P
Q B E X Z M G R A P E S G Z A
P H M V E A B T D L S U Y E E
C T G L T I U R F E P A R G N
I X O F H I W T P M T S R B I
K N L A W I S I N O Q H A J P
R U F V W V N S I N Z N V F B
K V R M W O N A J S A Y W U W
G R O I T V B A P N Z F H S W
B M I S O Y L J A X K S R W W
L N Q E Z N P J J R R A Z L T
```

APPLE	GRAPES	PINEAPPLE
BANANA	LEMONS	PLUM
CHERRIES	ORANGE	RASPBERRY
GRAPEFRUIT	PEAR	WATERMELON

Snowy Slopes

```
P O N X S P P J J S X S B N H
S V L A Y S S H C Q L O O J E
C H A W G Q A A K L L S O S K
D R I F T G R P I X N A T F R
B P N W F F O R J O W B S G O
L P C A X W H B W U L M P G K
Y T O T K T O B O B O Z B F G
U J I L Z M O R R T L M R W S
P E I W E A Z H O R D L L B E
S I K S R S N I A T N U O M L
H H I D O K H R U F K R X X G
R K J N Y H Z G F J F J X L G
O T P Z M S U L H U C Z N B O
T B J M B U L R K B W X K F G
M G E U I A C T O L S P H S S
```

BOOTS   PASS   SNOWBOARD
DRIFT   POLES   THRILLS
GOGGLES   SCARF   TOBOGGAN
MOUNTAINS   SKIS   WAX

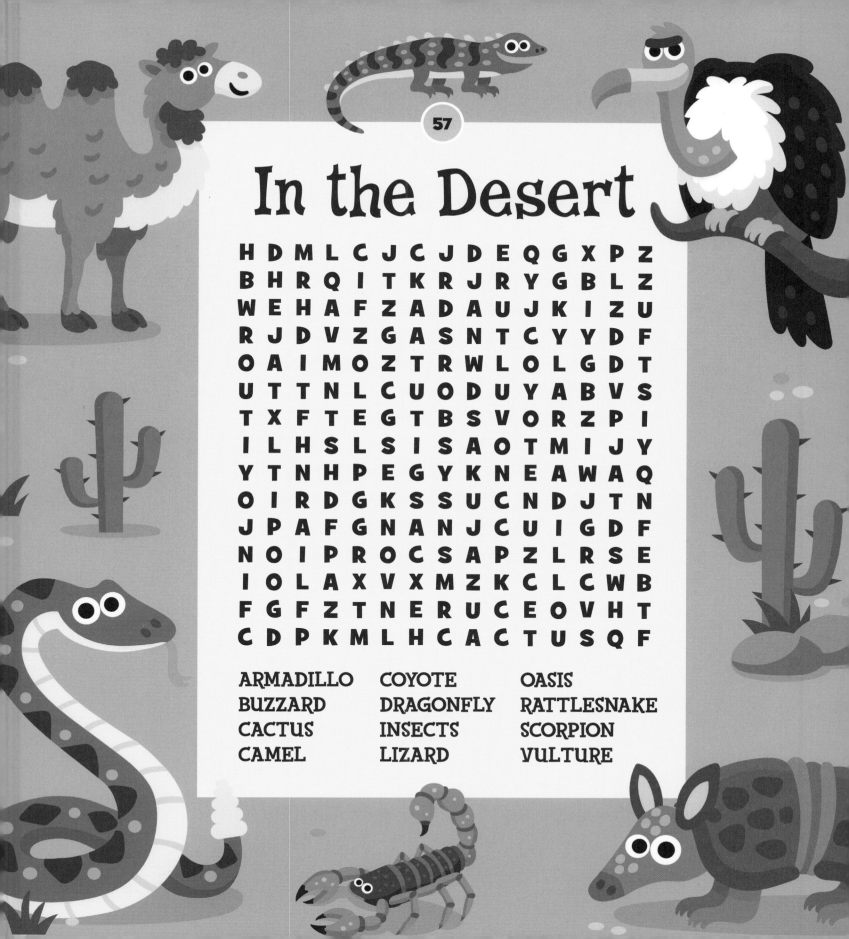

In the Desert

```
H D M L C J C J D E Q G X P Z
B H R Q I T K R J R Y G B L Z
W E H A F Z A D A U J K I Z U
R J D V Z G A S N T C Y Y D F
O A I M O Z T R W L O L G D T
U T T N L C U O D U Y A B V S
T X F T E G T B S V O R Z P I
I L H S L S I S A O T M I J Y
Y T N H P E G Y K N E A W A Q
O I R D G K S S U C N D J T N
J P A F G N A N J C U I G D F
N O I P R O C S A P Z L R S E
I O L A X V X M Z K C L C W B
F G F Z T N E R U C E O V H T
C D P K M L H C A C T U S Q F
```

ARMADILLO   COYOTE   OASIS

BUZZARD   DRAGONFLY   RATTLESNAKE

CACTUS   INSECTS   SCORPION

CAMEL   LIZARD   VULTURE

Sweet Treats

```
S Z N W Q H A J D U I E C F S
A E C H E R R Y C O A A L U K
L G K A M D Q H U D N R G D K
K D F A V M O B N D F U V G N
E K A C C C A U Y H A A T E P
L W V H O N S G E X I Q T C G
W L H L I U A E W S P K O H Q
O P A A D A M P R N K T Z J D
J T T J P Z C Y X I C A R N Z
E F Q G F R E E H F J S A T E
X U M C D N D Q A F E L Z S J
S E L K N I R P S U E N E V I
H K J Z O U R C L M I U O Y P
I H N A Y Y D P Y C P P U C F
Y F X D Q D F I D M W K V V S
```

CAKE	CONE	PANCAKES
CANDY	DONUT	PIE
CHERRY	FUDGE	SPRINKLES
CHOCOLATE	MUFFINS	SUNDAE

Under the Sea

```
K T S A E S B I Y B M Y Q S H
T C R B B P I U M K Y Y A E S
O H E A C O R A L M D I O A I
Q C R R U S E A H O R S E W F
D C T Z W D J S R M V F Q E L
N U N O H P I F L E X Y C E L
R W B Z P F I O N B T N N D E
J P Y N R U B H W P S S G V H
T N I A N S S G S Q J J Y T S
V R T Z T P O L L A C S V O J
B S Z E K E H R R M E P E D N
S I R C N S U W A A M Y K I F
G Z P A B C B M E K G A S U X
W X Y P V C M U D B I N G Q X
G P Q B K R H U F I B G Q S Z
```

CORAL   OYSTER   SHELLFISH
CRABS   SCALLOP   SHIPWRECK
LOBSTER   SEAHORSE   SQUID
OCTOPUS   SEAWEED   STARFISH

Halloween

```
A F S K P I G N K S S B Z C Q
S C A R Y E L G T K P E F G G
T T X V Q M C G E Y P W D X Y
K C A D G S T L K R J B L Q A
R G A B U A E O F V M O M E N
V R X T O T O S N U L C B V K
E A Z Y O P U G M G H Q B P Z
M V V N S K J M H F K X O Z I
L E K S A M Y E N O K I X O F
M Y E U N O B K M I S Q F A W
S A E M U T S O C B K T R K I
K R Q I U N U S H E M P D V T
J D W B W A R O C J E G M Z C
W E Y K O O O Q D H X K K S U H
C N F D K Y D H V N D J Q F P
```

BATS	GRAVEYARD	SCARY
COBWEB	MASK	SKELETON
COSTUME	MUMMY	SPOOKY
GHOST	PUMPKIN	WITCH

Busy Builders

```
J C G L R B W S N A L P J G I
G Q N L Z K I F A I K V D J C
X R I I J F R G D W D Y G F X
U D G R I M I P H J G R A L B
U R G D V Y N M C J A E N M I
I R I W D H G L E V D B S O H
S T D L C X Z V E S T T W J V
R R G N O N E L A X L U V X U
V Q E L A D D E R O Y N I Q U
X R W E H C I T B G W K J X O
T L I I P A O G S S F U Q Q K
S Z S D T E M J B E U B W A P
P I P E S P T M J Z N Q I W Y
N N O B U B H H E X N O W X K
G F Q L Y X C G X R D S C F E
```

BOLTS   **GRAVEL**   **PLANS**
CONES   **HAMMER**   **SAW**
DIGGING **LADDER**   **TRENCH**
DRILL   **PIPES**   **WIRING**

Robots

```
U E Y J K C F W P M S P F Q Z
A U T O M A T I C E Y B S H P
N C K J C K H H I S Q Z L N G
G T O T S S N V C E V Z F Q N
E N O M E G O Y M R R U R T B
I R I C P M G P B V X S U X L
Y J A D F U L J Z A P G P W L
F P M N N W T K G N I T F I L
S Z A P F E T E S T I U P T B
W Q R Z M U M Z R S F P T O C
R D G S A W T E F S B S E O I
J S O O F X W U E N O P K L W
S P R A H R G S R L U N L S A
E A P D O S M O D E R N G A G
A K M G Z Y Y C H V H K K S G
```

AUTOMATIC	LIFTING	PROGRAM
COMPUTER	MENDING	SERVANTS
FACTORY	MODERN	SPACESHIP
FUTURE	MOVIES	TOOLS

Outer Space

63

```
E Z I A P T E S S T A R P E Q
T F U Y E J M K E Y G P L H Q
I F L M U N I V E R S E A Q L
L Q O O G E M Z F J P M N E M
L C F H A P M J J X F N E E H
E G B L Q T D I T K X N T Y Q
T Q K B A C I I Y U P E N V A
A E T Y C G U N M Y O D E K A
S Z M B S S G K G R Y U I Y R
F B G L E O J M Q R J S L K I
D R D C E O F C V P Z R A Y F
R B A Q V H C M Q R E T A R C
H P H H C L P D N Q X X K M C
S K U Z Z X C W D F I F G S L
D R Z B A D N E U S M N K E C
```

ALIEN   FLOATING   SATELLITE
COMET   HELMET   SPACESUIT
CRATER   METEOR   STAR
FLAG   PLANET   UNIVERSE

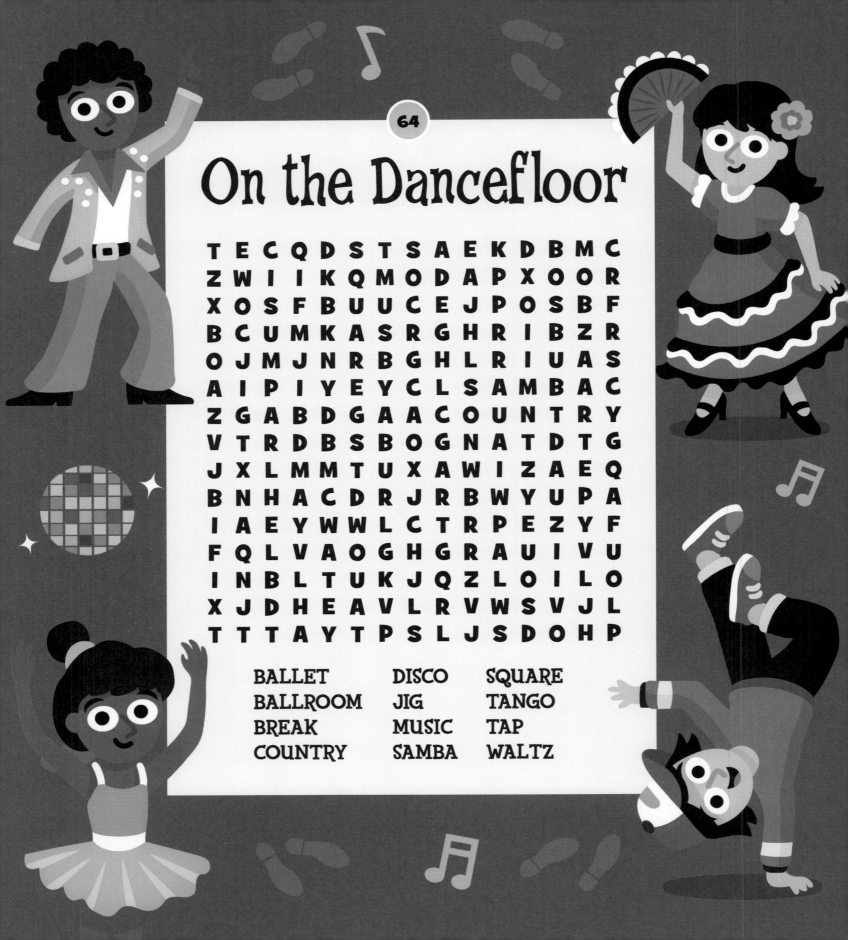

On the Dancefloor

```
T E C Q D S T S A E K D B M C
Z W I I K Q M O D A P X O O R
X O S F B U U C E J P O S B F
B C U M K A S R G H R I B Z R
O J M J N R B G H L R I U A S
A I P I Y E Y C L S A M B A C
Z G A B D G A A C O U N T R Y
V T R D B S B O G N A T D T G
J X L M M T U X A W I Z A E Q
B N H A C D R J R B W Y U P A
I A E Y W W L C T R P E Z Y F
F Q L V A O G H G R A U I V U
I N B L T U K J Q Z L O I L O
X J D H E A V L R V W S V J L
T T T A Y T P S L J S D O H P
```

BALLET   DISCO   SQUARE
BALLROOM   JIG   TANGO
BREAK   MUSIC   TAP
COUNTRY   SAMBA   WALTZ

Brilliant Birds

```
A T U H N U O J V P M L F P Q
H U H N P S G C R O J Y U E I
U S P E T J G U D C M B R N U
R R P R L V Z A Z V J Z E G O
R T I A W R A X X I W I K U W
H C R K R T K Y H A N F S I Y
H E S L E R J U W R F Z W N E
N B A R C N O M S T U C A U W
Q O G G C P O W R O B I N Q F
B E C C L Q N G D N B N W B C
T I I L P E Q U H S U R H T N
P Y J K A P T W T O E C E T O
T A Y B J F X O R N L G B U R
J S A B L K T U N H U V J D E
M G S J D P B K A G K A Z F H
```

EAGLE	**KIWI**	**SPARROW**
EGRET	**OSTRICH**	**SWAN**
FALCON	**PENGUIN**	**THRUSH**
HERON	**ROBIN**	**WREN**

Dressing Up

```
H R J K D G U C O Z O Z G L T
C J O R Y X Z R P Y V N O G F
U M A R H T E W I M A S K K L
B E H P R H N I R S J G N R S
B M Q H R I W G A M H I Q S N
Y J K E Y I M N T E G I I J C
R H P N R C D O E H B N E O U
C U Y O B W O C T F G U Z L C
S T D U J C B M H R Z Z J X D
B H D P Y W R J B A B S W W Q
E L M W P G K K C C O G X T A
N A V S U K L F U S D F G X L
O L U O L I P S T I C K Y I M
W J O L D H O C L U D O W Q P
L Q C Y H Q S M V Y I L U S L
```

BEARD	LIPSTICK	SCARF
COMB	MASK	SHIELD
COWBOY	MIRROR	SUPERHERO
KNIGHT	PIRATE	WIG

At Work

```
K F O S P R P W H P B N L T X
Q X C Z U O O D S I U C V Q T
O Q B M L P S L T D I U I G E
S W V I U A E H P Z L R O N W
I T C Y U B G R H I D X L H Z
J E Y J L I R Y H M E J Y J U
Y Y K P N R H E A E R H I F P
R J A K R Z R P C Z R L T O K
C O W B O Y H P E N T O S A G
U F V R P V H L F L A P I L N
W U U F I T U W A S B D T U S
R E N I M T Y I R W G P R T Q
R O T C O D E E M J Z S A M E
D A Y T W I R R E X E U Z U H
K V F K I W F J R R Z J O M Z
```

ARTIST   DOCTOR   NURSE
BUILDER   FARMER   POLICE
COWBOY   KNIGHT   SUPERHERO
DANCER   MINER   WRITER

Scary Animals

```
I X H Q H K P N M X G F R S A
Q G M K U L N K K T W J X G L
N A H J A W O W N C L I A E U
Q A O R B W I D B Z H J B F E
N J C F I L L O B D P K N R I
X R M V W G P C R P C N Q M V
B E K R A H S A T W J V Q U S
X H L J W Z P I I O Z M D H P
A T H L J O G C X G C N B W I
M N U O E E L D J A G U A R D
G A E L R R T F C E T V L O E
H P Y Y A N Z N V L N H V V R
E Y I E H G E M K X X S O F X
G T B O J L L T V W Q G M T J
W A S P B G F Z M L G G S A B
```

BEAR	LEOPARD	SPIDER
HORNET	LION	TIGER
HYENA	PANTHER	WASP
JAGUAR	SHARK	WOLF

All American

```
C U T C L L A B E S A B K O J
U H R V M S W A U Z X D L V Y
A F E C H T E S V B H H A T L
N D R E T Z V K T E D N R Q S
R O W B R W H E A X F E A K M
O N V K R L A T T C B Y Y I B
C U Q O S O E B N I N S M U R
P T U M T Q C A L K C A R S Z
O S L O D E V L D R T G P P Y
P S U N D A E L A E E H E H F
M U T D X Z X P Y R R C R C Y
T H D A O A E J K L O L L T M
Z Z A J T R I W P A V G W A Q
S G A K F U L M F Q T B F S T
O J K K S V E M F M D G Y I Y
```

BASEBALL   DONUTS   POPCORN
BASKETBALL   JAZZ   SKYSCRAPER
BURGER   LIBERTY   STATUE
CHEERLEADER   PANCAKES   SUNDAE

Picnic Time

```
O U F B T B H J N Z D K E Y P
I W X V M Y B H I T T D I O B
O T E K S A B S D R Q L J O B
M W C Y V B B T R S C U T J Q
X G C N C W L E M P K T O W T
L L G U R A N R Y J L N V D Y
Q N N N P I K T T E L I I Z M
M U B E H C V E S U B J P R T
P E S S W Z A G E Z L P P M D
V R N T F Q V K V N A D C H I
X U P D W I T R E E N A E E R
S A N D W I C H Q S K E A R I
T K U E U A I W K C E R N A I
Q S O R Y L R T J P T B T E L
Z S F B H C V B I R D S S T L
```

ANTS   BOTTLES   DRINKS
BASKET   BREAD   FRUIT
BIRDS   CAKE   SANDWICH
BLANKET   CUPCAKES   SUNSHINE

Toolkit

```
Q B B U F X B K O R Q C M E R
O I B L S C E L L M X V L E U
U W J V X D C N P U Y Q M N L
R E V I R D W E R C S M G R E
K U Q Y H O A I Y K A A O P R
J R S W B E R Y J H C P C K T
A E O B O I H N Z Y D S V G G
Y R L F R Y I S F M M R F I U
U V Z Q H B O L T S E O I Z T
R C I P S C E T H V K S T L M
C C I P V Z T R Y K Z S L Y L
L Z A E S O H I I O T I C W Z
U D O J M T L O P W R C A Y U
E Z D T G L Q V M J I S U R V
E W W D N B X O Z M F E T X I
```

BOLTS	HOSE	SCISSORS
COG	PITCHFORK	SCREWDRIVER
DRILL	RULER	SPADE
HAMMER	SAW	WIRE

Let's Race!

```
P U C X B L Y N H Q F L D H V
I O D L A H O N N T W F N V W
B P W M C I D A O W L I E O S
F U E O P F C Y B B E T Y K K
Y L W M B P W U G I B R H U A
S R A R U N N I N G C I N K T
T H Z X H W K O I Z D Y R S I
C H O R S E A E M X K U C G N
Y H P O R T Y W M A Q A X L G
F M P B H C A A I S X G N G E
G R G C K A K U W W Z O Z I S
Z C A C G Y M H S C Q A G V V
N Y O Q N L Y C M T S F S I Y
E Q H U R D L E S U S C S K B
Z C L B U R E N K C E S Q J I
```

BICYCLE	KAYAK	SKI
CHAMPION	RIBBON	SWIMMING
HORSE	RUNNING	TROPHY
HURDLES	SKATING	YACHT

Summer Fun

S D R U P Y W E F J S L B L S
Y L X K R I L O E H H E A Y U
M L A N P C C X F S O K P S N
U Y H D Y C Q N U W R R J L G
Z X L C N C S R I W T O H S L
R Y I O L A F E N C S N Q E A
K B X T F B S G R M Z S F E S
H G W A O I I C T I X R E Q S
L W M A L O O P O N M L S A E
L J R I T H M P M W E W O Y S
S D S U N D A E K L I T D F C
U Y E C L E H U Q N C K E S S
G N Z C O M Y Y G B D P I H P
B W F M N A G F K R N U R A L
Q N L K C H G N I M M I W S D

BICYCLE	SHORTS	SURFBOARD
PICNIC	SNORKEL	SWIMMING
POOL	SUNDAE	SWING
SANDALS	SUNGLASSES	TENT

Ancient History

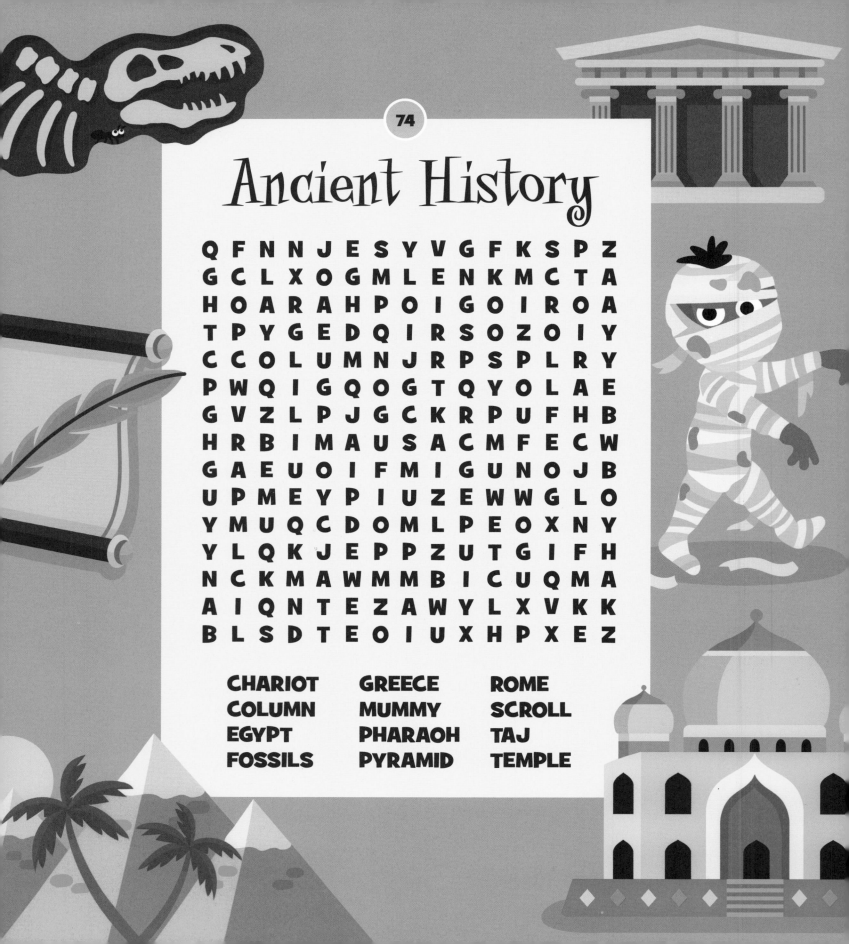

```
Q F N N J E S Y V G F K S P Z
G C L X O G M L E N K M C T A
H O A R A H P O I G O I R O A
T P Y G E D Q I R S O Z O I Y
C C O L U M N J R P S P L R Y
P W Q I G Q O G T Q Y O L A E
G V Z L P J G C K R P U F H B
H R B I M A U S A C M F E C W
G A E U O I F M I G U N O J B
U P M E Y P I U Z E W W G L O
Y M U Q C D O M L P E O X N Y
Y L Q K J E P P Z U T G I F H
N C K M A W M M B I C U Q M A
A I Q N T E Z A W Y L X V K K
B L S D T E O I U X H P X E Z
```

CHARIOT   GREECE   ROME
COLUMN   MUMMY   SCROLL
EGYPT   PHARAOH   TAJ
FOSSILS   PYRAMID   TEMPLE

Party Time

```
O R R S M Q G C B F S R N U I
X B E V T N S L K I N R T R V
I O N T I A I O X R O M D T I
P X Y G H N H W M E O W F N L
N L N C D G M N X W L H L U J
Y I A F U E U Z Z O L I V N D
S S O T I N X A I R A W R G A
T L L X E P B Z L K B K Y N F
D Z J W J S E B E S G L A U S
P R E S E N T G Z A P F B A K
S E M U T S O C M P T S F T Z
P S S K S A M E X E N X X X K
E I X U L R S P U L U F I X N
B C Z M Y E U H B O M R X K E
E P W O B I V H E G N C L K J
```

BALLOONS   FIREWORKS   MASKS
BLINDFOLD   GAMES   PLATES
CLOWN   HATS   PRESENT
COSTUMES   LAUGHTER   SINGING

On Vacation

```
Q T J D F I T N E P O T R R Z
P X R O O I Y H Y A C K S J H
N A M O C W J P R M O N V J S
X P M K P L N O I T A T S I H
G E E T E R T P T R T H R Y O
Y T U E V H I M U F Y A H A L
S M A K C N Z A E U P B U C I
Y C E C P L A N E U U Z A H D
H X O O D R A C T S G Q R T A
B B F R D O D L D M P Q G H Y
T V A C H Y Z R H A Q D W F N
H R S S L S P A V Z Q L F H S
U D A V I B E K O Q A L C I E
I Q J I D E S V E E K S V I T
N E P Q N E L C L A D K G O D
```

AIRPORT   MAP   STATION

BUS   PARIS   TICKETS

CAR   PLANE   TRAIN

HOLIDAY   ROCKET   YACHT

Movie Characters

```
R J O L V B R F S C O W B O Y
E G T Z A E A U O Y I G L C R
I B O L G B P L Z R N N M T R
D C Y N A E A L L I Z D O G D
L I I E R D V G B E X G P O E
O S A H M O K Y W D R F M P T
S E E K E C V M P Q E I G O E
U R S S R T Y P S O K F N Z C
O K S S Y O W Q M M L K A A T
H O O E E R Y P L R I I G K I
E M H F G C B L M N O U C I V
X O O C K M N O G B X E J E E
H R W G Q P L I X D E P Y M A
U I Q R V O A J R G F V I O S
G J X R O G B X X P Z L G V W
```

BALLERINA   GODZILLA   SINGER
COWBOY   KING   SOLDIER
DETECTIVE   POLICE   SPY
DOCTOR   PRINCESS   SUPERHERO

Gold and Silver

```
B N N R C T T U V O B L C D D
M O N E Y S R S K U Q T R V I
J A X U E R V E R Y M B O X A
C D E H R U I G A Z A J W N M
V L C H F N L I Z S D C N D O
Q T C S N A D V A E U Y H C N
L Z S T R U H D A L P R Y T D
X P P H H M B Q I T H Y E C M
S L E W E J E Q G S Y Y A W X
D I E T K C H C K A R S Y F S
X E Z H R K U L A C H V M H Z
K N E O X I B H S L B M J V D
M A N S I O N S E G A C S K B
I Q J G R A B Z P F R P L F M
A P P Z P V K N L C L C Y H X
```

BURGLAR   CROWN   MONEY
CASH   DIAMOND   PALACE
CASTLE   JEWELS   TREASURE
CHEST   MANSIONS   YACHT

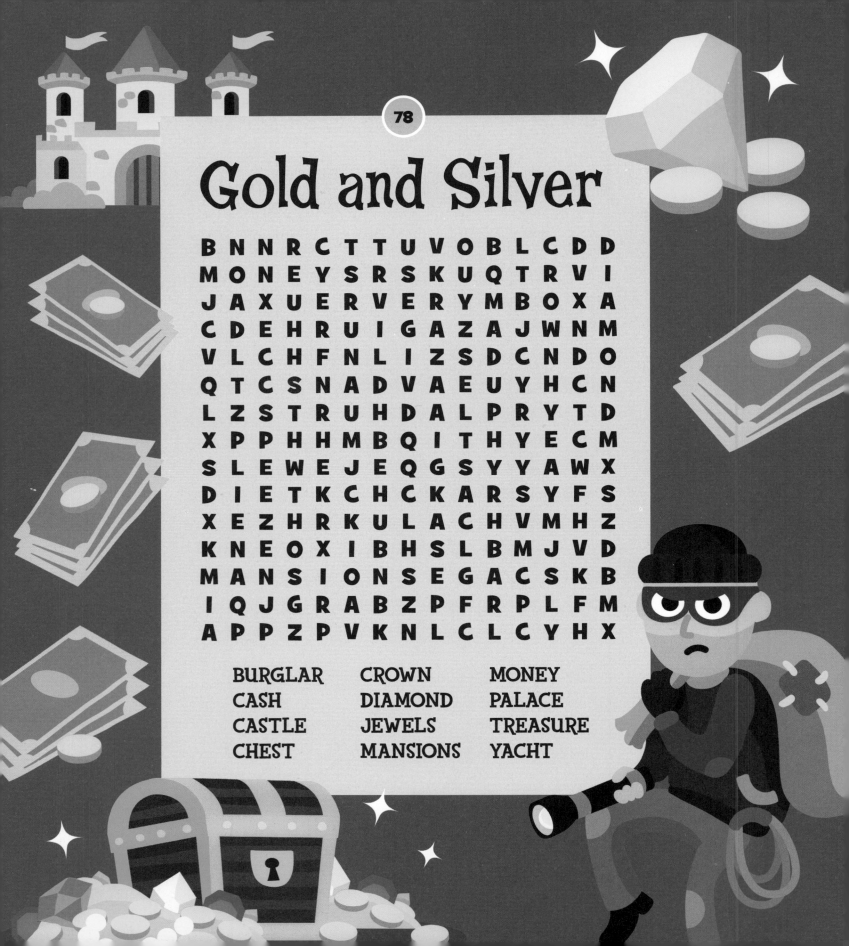

Cool Clothes

```
K G B B O T H S O X Z H B Z C
B I G T R R G C G G R Z G R Y
S N M V E I S A U S I U O X T
J Z H O R K L R M R A W X T U
L X I S N S W F H O N R H R K
R V W A T O S S E R D E I N F
S U N G L A S S E S T K H S A
O V C Y V O V P S O X E U D C
G T H I A B N Q H I R K E N A
H O R D P S H A A L T U Y R P
A C N I T M T L Z A A B O F Z
S Y B O H P S X P V S W A E G
Y C O H Z S O V G R E K S A A
E B Q D P D Y V W P V N D C V
F B E L T W K Q W A A T R K W
```

BELT   DRESS   SCARF
BOOTS   HAT   SHIRT
CAP   KIMONO   SKIRT
CROWN   SARI   SUNGLASSES

Practice Makes Perfect

```
C S B J L Y D Q S G Y H D T G
S N O W B O A R D K A R U N N
H O F M Z C B P A D A Q Y I I
W R G G U D N S A O T T D A I
Z K J N A S R N B O W J I P K
F E K V I C F E Q L A T V N S
V L C Y G V T B G U I T A R G
N I R A N A I I P C H S M J Y
P M U N K C Q R N B C Z J R D
K O U S Y X Z W D G H L S Q I
W C R C G N I G N I S I D R Z
I U L D L O K V I H N D V Z W
H E E S L E S R E N O B N F C
W W Z K I R C V E B W Z B V I
F N F G U H T T H U D Z O H V
```

ACTING   PAINT   SKIING
BICYCLE   SINGING   SNORKEL
DRIVING   SKATEBOARD   SNOWBOARD
GUITAR   SKATING   TENNIS

So Pretty!

```
A P Y I Y T P E P S E D M S F
I N R E L S H E E Q G U D H L
C W I C F H Q S A S N N H B O
A P A R R S O E B C O Q L O W
F P F M E R S Z K M O O B E E
Z K D W T L E L A K S C V A R
G O W N T C L I E S L M K Y S
F A I B U Y D A O W Q G G Z B
P Q W L B M E M B X E V G E A
P R I N C E S S B D J J J O D
U S W M K I X T O C Y V C U N
R F P Q R D E L C N J X Q N Y
N O I H S A F U M U V Z N B E
A U N F T D Y V O E S Y I Q E
L H N L G O C B P D R J Q K Y
```

BALLERINA   FAIRY   JEWELS
BLOSSOM   FASHION   ROSES
BUTTERFLY   FLOWERS   PEACOCK
DIAMONDS   GOWN   PRINCESS

Solutions

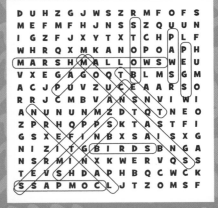

1 Canine Capers

2 Camping

3 Circus Tent

4 Merry Melody

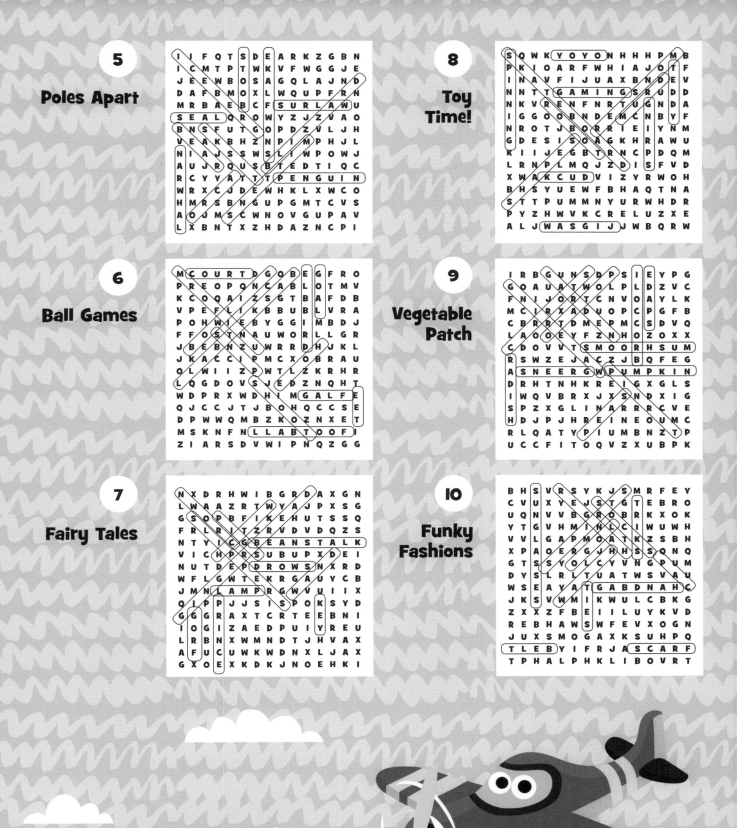

5

Poles Apart

6

Ball Games

7

Fairy Tales

8

Toy Time!

9

Vegetable Patch

10

Funky Fashions

11 Famous Places

12 Countries of the World

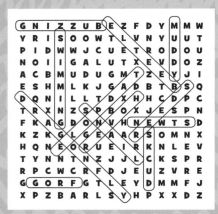

13 Pond Life

14 Superheroes

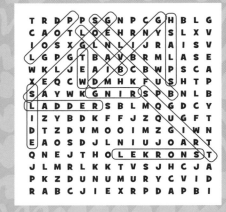

15 Water Park

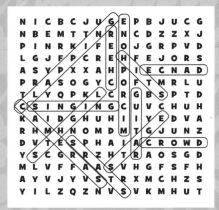

16 Concert Time

17 — Up, Up, and Away

```
G U J C K C A Q V W U W O J H
T N G T L F D Z D T N M G Z P
F Y I O R J D S J Q O W Y R D
M D U B E U R Z S R O L S M L
Z D P O M T N V Z H L Z I L H
S S O P A I T W E B L O D P N
U P R I G L L A Y E F F R O C
K E X R O O D I C E Y N S H L
N E T U H C A R A P O G F C A
X E Q T O E N A L P N M A K H
K Z N P A T V G L I D E R E E
Y Z V Y C E W D X Q L R T U
X E O R D N R N Y Y T M I K J
R B T Y O J A J W K R N N R P
B O Z U J L A Q Y S Q F I K W
```

18 — Underground

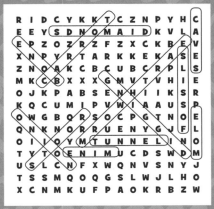

```
R I D C Y K K T C Z N P Y H C
E E Y S D N O M A I D K V L A
E P O Z Z R Z F Z X X H B E V
X N P Y R T A R K K E K A S E
Z N O A K C B C U B C B V H I
M K C B X X G M V T V H I S P
O J K P A B S E N H I I X O E
K Q C U M I P U W L A A U S L
O W G B Q R S O C P G T N O F
Q N K N O R R U E N Y G J I E
O I O Y M T U N N E L I N O M
T Y T O E N I M U C D S W D J
U S L C N F X W Q N V S N Y J
T S S M Q O Q G S L W J L H O
X C N M K U F P A O K R B Z W
```

19 — Myths and Legends

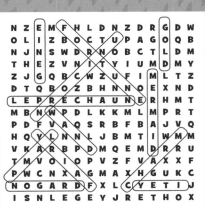

```
N Z E M F H L D N Z D R G D W
O L I Z B O C T U P A G O Q B
N I N S W D R N O B C T L D M
T H E Z V N I T Y I U M D M Y
Z J G Q B C W Z U F I M L T Z
D T Q B O Z B H N N O E X N D
L E P R E C H A U N E R H M T
P D F V A Q S R B F K L N P R
H Q Y L N N L J B M T I W M M
V K A R B P D M Q E M D R R U
T M V O I O P V Z F V A X X F
P W C N X A G M A X H U G K C
N O G A R D F X L C Y E T I J
I S N L E G E Y J R E T H O X
```

20 — Hungry Sharks

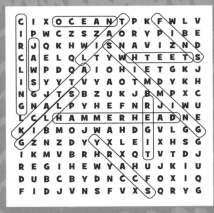

```
C I X O C E A N T P K F W L V
P W C Z S Z A O R Y P I B E
C I R Q W K W I S N A V I Z H
C L J A W D E L Q L T Y W H T E E T S
G S Y Y T V Y A O T M D Y K H
N A L P Y H E F N R J X I W
C L H A M M E R H E A D E
K I B M O J W A H D G V L G
I K M V B R H R X Q T V T D J
R E G I H E W V A H U J K I U
D U B C B Y D N C C F O X I Q
F I D J V N S F V X S Q R V G
```

21 — Walk the Plank!

```
Q A G D T F E Z N J T C X G Q
K N A L P G N A H O R D O S K
E V A F Q A U A R O C L Z Y T
L R L U K T R S E D H N W E
U E U R W W A S C X G K E K J
B C M X P B Z D A Q I L S O
X O D D A Q E Z D I I M S L T
C U N N E S R C S A X Y K P I
B E A C R C S X T A W N X A A
D Y N D S C K H I E L P I H S M
C X N D P A N I G Q M V O V P
O E Q I A F O P Y J X M B V L
K V Y Z N U F U P H X W C V N
Z L C W S B W Z S C V Z K Q B
```

22 — Ancient Egypt

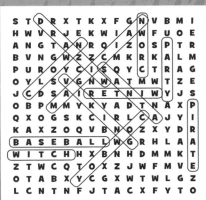

```
H E J J M S C P R M L K Y H B
M I C E N A X H L Y P M Y A S
F M E A H N D A J T M F W Q J
U S I R L H T P L U O T L A C
L T H F O A R A M P T M G T X
P A L M S G P O U P R J B M D
S E V A L S L H P N E O U L R
U Q H A J J Y I W A S H D D
P H B O A I R L P H E B C M W
H W F X W A E E P H D I H G G
N G B H M S C D G I I V L X N
A B U I E D E D H L H A J L T S G U
A U F E P Y C H Y T A C A U U G
I N X J U V Z F I I K K O L Z
```

23 — Hat Trick

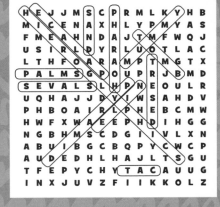

```
S T D R X T K X F G N V B M I
H W V R J E K W I A W F U O E
A N G T A N R O I Z O R P A R T R M
B V N G W Z Z C M K R K C T L M
P U R O Y L S V G N S Q Y C A G E
O J C D S A I R E T N I W J S
O B P M M Y K Y A D T N A X P
Q X O G S K C I R L C A I R A
K A X Z O Q V B N O Z X Y D T
B A S E B A L L W G R H L A E
W I T C H H X B N H D M M K T
Z T W C Q T O X Z X F M V L G
O T A B X Y C G X W T W L G Z
L C N T L N F J T A C X F Y T O
```

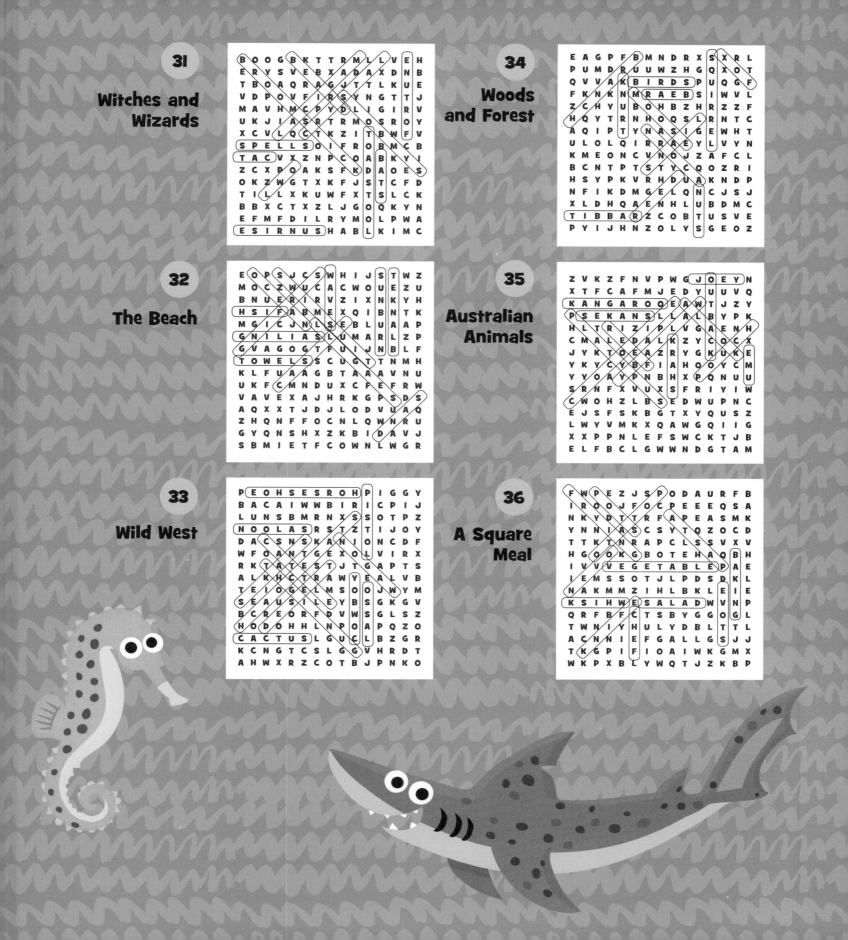

31 Witches and Wizards

34 Woods and Forest

32 The Beach

35 Australian Animals

33 Wild West

36 A Square Meal

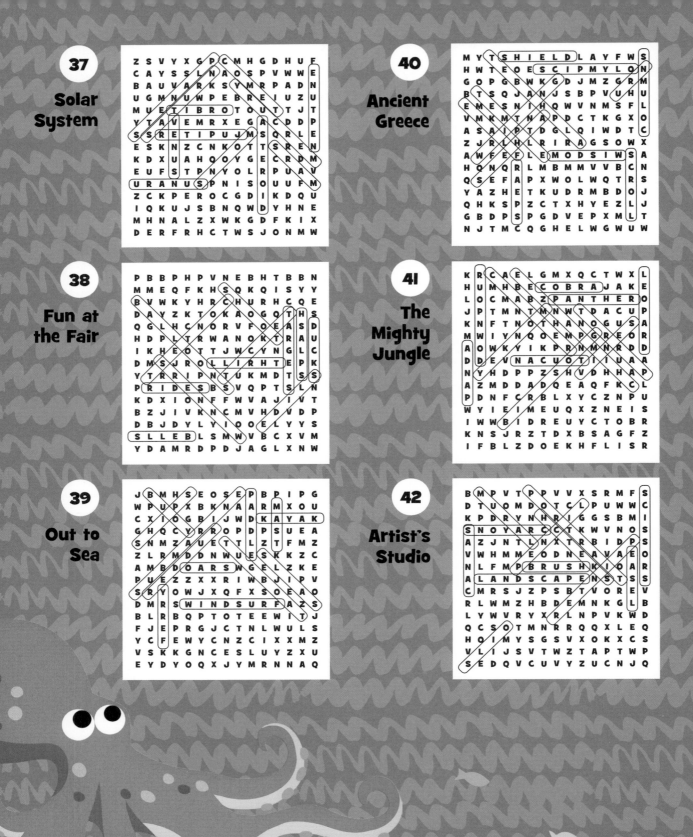

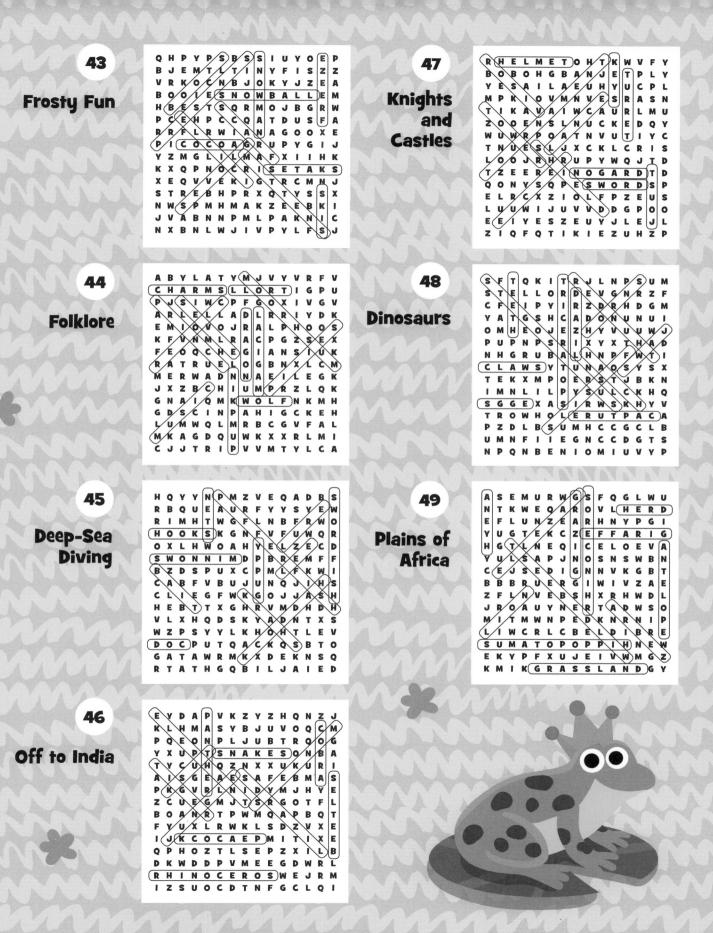

43 Frosty Fun

44 Folklore

45 Deep-Sea Diving

46 Off to India

47 Knights and Castles

48 Dinosaurs

49 Plains of Africa

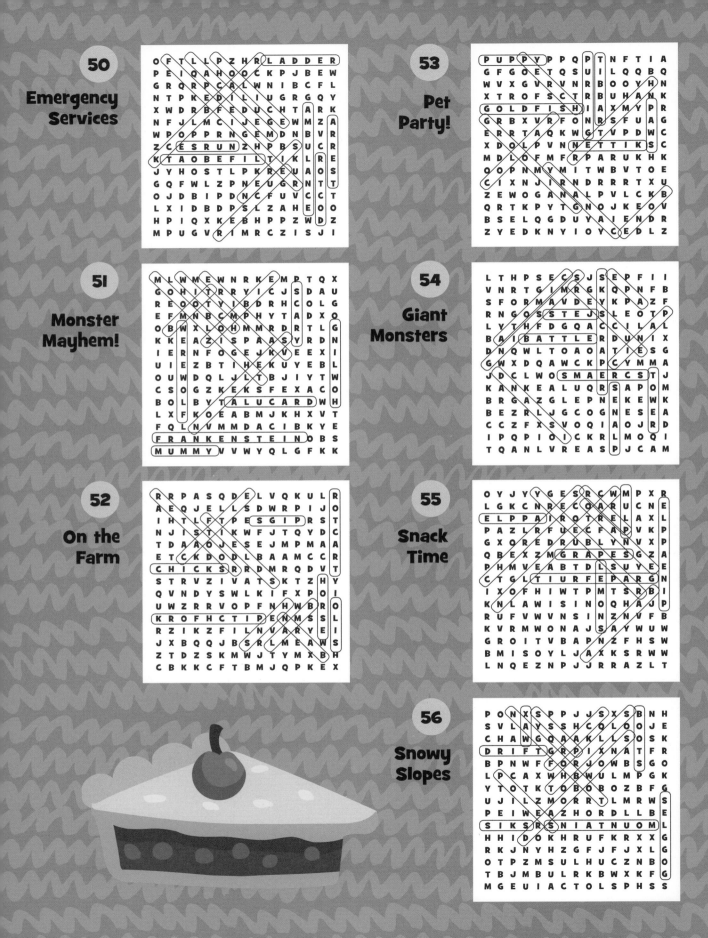

50 — Emergency Services

51 — Monster Mayhem!

52 — On the Farm

53 — Pet Party!

54 — Giant Monsters

55 — Snack Time

56 — Snowy Slopes

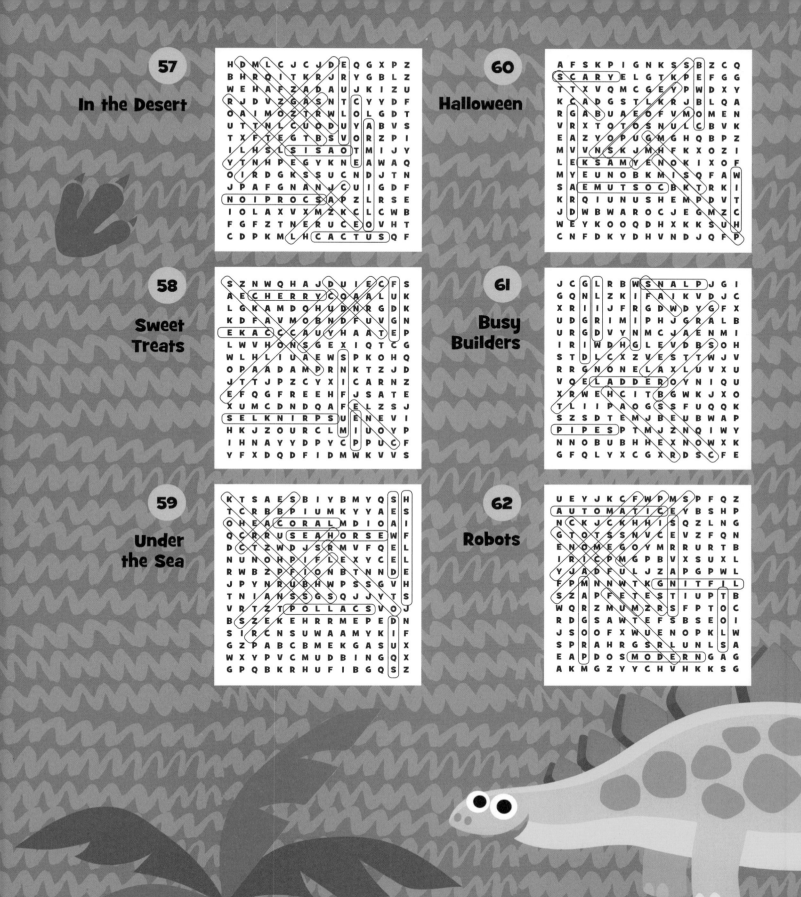

57 — In the Desert

```
H D M L C J C J D E Q G X P Z
B H R Q I T K R J R Y G B L Z
W E H A F Z A D A U J K I Z U
A O A I M O Z T G A N T C Y O
O A I M O Z T G A N T C Y O F
U T T N L C U O D U O Y E D S
T X F T E G T B S V O A R Z P I
I L H S L S I S A O T M I J Y
V T N H P E G Y K N E A W A Q
O I R D G K S S U C N D J T N
J P A F G N A N J C U I G D F
N O I P R O C S A P Z L R S E
I O L A X V W Z A C L C W H T
F G F Z T N E R U C E O V H T
C D P K M L H C A C T U S Q F
```

58 — Sweet Treats

```
S Z N W Q H A J D U I E C F S
A E C H E R R Y C O A A L U K
L G K A M D Q H U D N R G D K
K D F A V M O B N D F U V G N
E K A C C C A U Y H A A T E P
L W V H O N S G E X I Q T C G
W L H L I U A E W S P K O H Q
O P A A D A M P R N K T Z J D
J T T J P Z C Y X I C A R N Z
E F Q G F R E E H F J S A T E
X U M C D N D Q A F E L Z S J
S E L K N I R P S U E N E V I
H K J Z O U R C L M I U O Y P
I H N A Y Y D P Y C P P U C F
Y F X D Q D F I D M W K V V S
```

59 — Under the Sea

```
K T S A E S B I Y B M Y Q S H
T C R B B P I U M K Y Y A E I
O H E A C O R A L M D I O A F
Q C R Z W D J S R M V F Q E E
D C T Z W D J S R M V F Q E E
N U N O H P I F L E X Y C E L
R W B Z P F I O B T N N D E H
J P Y N R U B H W P S S V O S
T N I A N S S G S J J V T O J
V R T Z T P O L L A C S V O J
B S Z E K E H R R M E P E D I
S I R C N S U W A A W K I U S
G Z P A B C B M E K G A S U X
W X Y P V C M U D B I N G Q S
G P Q B K R H U F I B D G S Z
```

60 — Halloween

```
A F S K P I G N K S S B Z C Q
S C A R Y E L G T K P E F G G
T T X V Q M C G E Y P W D X Y
K C A D G S T U L K R J B L Q A
R A R X T O T O S N U L C D V K
E R A Z Y O P U G M G H X O Z I
M L E K S A M Y E N O K I X O F
Y E U N O B K M I S Q F A W
S A E M U T S O C B K T R K I
K R Q I U N U S H E M P D V Z
W E D W B W A R O C J E G M Z U
E Y K O O Q D H X K K S U H
C N F D K D H V N D J Q F P
```

61 — Busy Builders

```
J C G L R B W S N A L P J G I
G Q N L Z K I F A I K V D J C
X R I I J F R G D W D Y G F X
U D G R I M I P H J G R A L B
N A G D V N M C J A E N M I
I R I W D H G L E V D B S O H
S T D L C X Z V E S T T W J V
R R G N O N E L A X L U V X U
V Q E L A D D E R O Y N I Q U
X R W E H C I T B G W K X U J
T L I I P A O G S S F U Q Q S
S Z S D T E M J B E U B W A P
P I P E S P T M J Z N Q I W Y
N N O B U B H H E X N O W X K
G F Q L Y X C G X R D S C F E
```

62 — Robots

```
U E Y J K C F W P M S P F Q Z
A U T O M A T I C E Y B S H P
N C K J C K H H I S Q Z L N G
G T O T S S N V C E V Z F Q N
E N O M E G O Y M R R U R T B
I R I C P M G P B V X S U X L
Y J A D F U L J Z A P G P W L
F P M N N W T K G N I T F I L
S Z A P F E T E S T I U P T B
W Q R Z M U M Z R S F P T O I
R D G S A W T E F S B S E O L
J S O O F X W U E N O P K L S
S P R A H R G S R L U N L S A
E A P D O S M O D E R N G A G
A K M G Z Y C V H K K S G
```

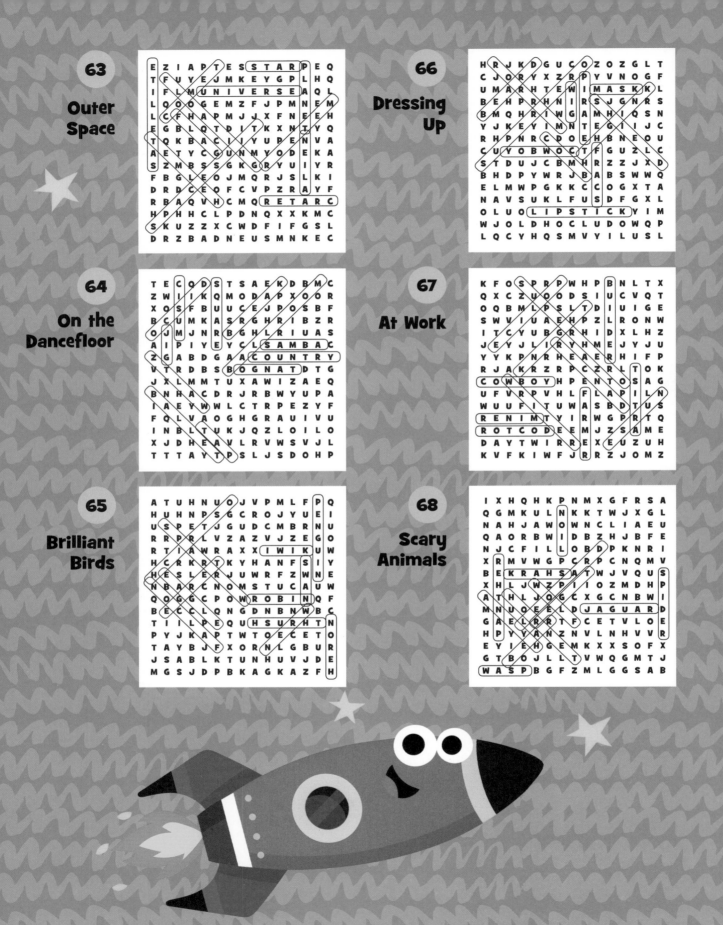

63
Outer Space

64
On the Dancefloor

65
Brilliant Birds

66
Dressing Up

67
At Work

68
Scary Animals